JOSEF H. REICHHOLF

SCHMETTERLINGE

W0177521

Prof. Dr. Josef H. Reichholf
SCHMETTER-
LINGE

**Treffsicher
bestimmen
mit dem
3er-Check**

blv

Inhalt

Freude an Schmetterlingen

Schmetterlinge sind ein unverzichtbarer Bestandteil unserer mitteleuropäischen Lebensräume. Im Frühjahr können wir es kaum erwar-
ten, den ersten Zitronenfalter oder Kleinen Fuchs durch die endlich
wieder warme Luft gaukeln zu sehen. Und im Herbst erfreuen wir
uns an den letzten warmen Abenden der Taubenschwänzchen, die
die Balkonblumen zum Energie Tanken besuchen. Wenn Sie einen
Garten besitzen, haben Sie vielleicht bewusst Arten gepflanzt, die
gern von Faltern besucht werden – etwa Buddleia (der »Schmetter-
lingsflieder«), Geißblatt oder Phlox (eine typische »Nachtfalterpflan-
ze«). Wenn Sie dann die hübschen Tagpfauenaugen oder Admirale
bewundern, die die Blüten besuchen, denken Sie bitte auch daran,
dass gerade die Raupen der Schmetterlinge unserer besonderen Unter-
stützung bedürfen, denn ohne sie gäbe es keine Falter (vgl. S. 15 ff.).

Aber eine große Vielfalt an Schmetterlingsarten begegnet uns erst in
freier Natur, insbesondere wenn wir kleinräumig strukturierte,
artenreiche Lebensräume besuchen. Unüberschaubar mag da vielleicht die Vielfalt an Bläulingen und Augenfaltern erscheinen, die
über einer sommerlichen Wiese flattern. Leider sind heute solche
Erlebnisse nur noch in wenigen Gebieten möglich (s. hierzu auch
S. 20 und S. 29). Besondere Entdeckungen kann es aber immer und
überall geben, sei es dass man Segelfalter oder Schwalbenschwänze
in den Aufwinden an einer Hügelkuppe gleiten sieht, dass im geisterhaften Hell/Dunkel eines Laubwaldes die Flügel eines Eisvogels
oder Schillerfalters aufblitzen oder dass man einen Trauermantel
entdeckt, der mit seinen dunklen, auffällig hell gesäumten Flügeln
einem Bachbett folgt.

Natürlich interessiert bei jeder Beobachtung, was für eine Art man
da vor sich hat. Kein Laie wird aber alle Schmetterlinge kennen

Der Kleine Eisvogel ist eine typische Art der Wälder, insbesondere in Flusstälern (Auwälder). Hier eine etwas ungewöhnliche Sicht auf die Flügelunterseite.

können, die es bei uns gibt – immerhin sind es über 3000 Arten in Mitteleuropa. Hilfe bietet da ein gutes Bestimmungsbuch. Der vorliegende Führer stellt 178 häufige und auffällige einheimische Arten sowie über 90 Raupen vor. Die übersichtliche Aufteilung in Hauptgruppen anhand einfacher Kriterien sowie die Anwendung des neuartigen 3er-Checks innerhalb der Gruppen führt bei der Bestimmung leicht und treffsicher zur richtigen Art (vgl. S. 24 ff.).

Schmetterlinge sind etwas Besonderes

Warum erwecken Schmetterlinge unsere besondere Sympathie? Sicherlich spielt hier eine bedeutende Rolle, dass sie so scheinbar schwerelos fliegen und bunt gezeichnete Flügel besitzen, und dass sie sich – im Vergleich zu anderen Tieren – relativ leicht beobachten lassen und gerade die attraktiven Arten nicht nur tagaktiv sind, sondern ebenso wie wohl die meisten von uns Menschen das schöne, sonnige Wetter bevorzugen. Hinzu kommt, dass Schmetterlinge – neben Käfern und Libellen – sehr häufige Insekten sind, die uns draußen immer wieder begegnen (zumindest wenn man »häufig« hier so versteht, dass sie einem Naturfreund, der nicht ausdrücklich nach bestimmten Arten sucht, auffallen).

Farbenspiel

Unter den Insekten ist der Schmetterling ein wahres Kleinod. Nicht selten offenbaren sogar kleine oder unscheinbare Arten bei genauem Hinsehen wahre Kunstwerke der Natur: ein ausgewogenes Spiel von Farben, Mustern und Zeichnungen.

Bei den Schillerfaltern (hier der Kleine) ist das leuchtend blaue Aufblitzen der Flügeloberseite – je nach Einfallswinkel der Sonnenstrahlen – besonders bezeichnend.

Bei den meisten Schmetterlingen entstehen die Flügelfarben durch in die Schuppen eingelagerte Farbpigmente (hier bei einem Schwalbenschwanz).

Das Tagpfauenauge lässt die bunte Flügeloberseite mit der Augenzeichnung verschwinden, wenn es die Flügel schließt. Sobald sie geöffnet sind, bleibt die Zeichnung unverändert klar und gut sichtbar (vgl. Foto S. 4). Ganz anders verhält es sich bei unseren Schillerfaltern. Haben wir das Glück, am Rande eines Auwaldes einen Schillerfalter Anfang Juli beobachten zu können, wie er an einer Pfütze trinkt oder an einem Tierexkrement leckt, dann bemerken wir bald, dass schon kleine Änderungen der halb geöffneten Flügel plötzlich ein intensives Blau aufblitzen und wieder verschwinden lassen.

Wie kommt es, dass manche Schmetterlinge ihre Farbe nicht mit dem Einfallswinkel des Lichtes verändern, andere aber dies tun? Betrachten wir dazu stark vergrößert die Schuppen, die die Flügeloberfläche eines Tagpfauenauges bedecken. Mit einer kräftigen Lupe, besser noch mit einem Binokular, kann man erkennen, dass die dachziegelartigen Gebilde die roten, braunen oder gelben Farben tragen. Die feinen Strukturen sind so schön, dass sie jeden, der zum ersten Mal Schmetterlingsschuppen in der Vergrößerung betrachtet, begeistern.

Hat man jedoch die Schuppe eines Schillerfalters abgebürstet, so sucht man vergeblich nach einem blauen Farbstoff! Wie also kommen die Farben zustande? Das Blau entsteht auf eine ganz besondere Weise. Schillerschuppen sind hohl. Die Hohlräume besitzen keine Farbkörnchen, sondern sie sind nur mit Luft gefüllt. An diesen sehr dünnen Luftkammern bricht sich das Sonnenlicht an den Grenzflächen und wird in die Farbanteile zerlegt. Die langwelligeren Farben, wie Rot, Gelb und Grün, gehen durch die Schuppe ganz hindurch. Aber Blau und Violett sind so kurzwellig, dass sie von den feinen Luftkammern zurückgestrahlt werden. Je nachdem, wie dünn die Kammern genau sind, entsteht auf diese Weise ein himmel- bis violettblauer Schiller, der aber nur unter bestimmten Einfallswinkeln des Lichtes sichtbar wird.

Die Farben der Schmetterlingsflügel entstehen also auf zwei ganz verschiedene Weisen: einmal durch echte Farbstoffe (Pigmentfarben), zum anderen durch Feinstrukturen mit Lichtbrechung (Strukturfarben).

Strukturfarben sind im Vergleich zu Pigmentfarben in einer Beziehung überlegen: Besonders grüne, aber auch rote und gelbe Farbpigmente in den Schuppen halten ihren Farbwert nicht lange, wenn sie intensiver Lichtstrahlung ausgesetzt sind. Daher »verblassen« viele Schmetterlinge im Laufe ihres Lebens. Hinzu kommt, dass im Verlauf langer Flugzeiten immer wieder Schuppen verloren gehen. Man bezeichnet solche älteren, weniger ansehnlichen Schmetterlinge als »abgeflogen«. Der Verlust von Schuppen betrifft allerdings auch Arten mit Strukturfarben.

Vom Tarnen und Täuschen

Durch die bunten Farben sind viele Schmetterlinge recht auffällig, vor allem unter den Tagfaltern. Das ist innerhalb des Tierreichs recht ungewöhnlich, haben doch die meisten Arten, insbesondere die weniger wehrhaften, ein berechtigtes Interesse daran, möglichst nicht aufzufallen. Warum können sich dann aber so viele Schmetterlinge den »Luxus« der Farbenpracht erlauben? Dazu ein paar Beispiele.

Das Tagpfauenauge kippt die Flügel in Ruhestellung – auch beim Überwintern – so nach oben, dass die Oberseiten eng aneinander liegen und nur die dunkel marmoriert gezeichnete Flügelunterseite sichtbar bleibt. Die Augenflecke sind dadurch verborgen. Der Falter sieht nun einem hängen gebliebenen, dürren Blatt recht ähnlich. In dieser Stellung überdauert er den Winter in Ritzen unter der Baumrinde, in Dachböden im Gebälk oder in Schuppen. Wird er doch von einem Vogel oder von einer Spitzmaus aufgestöbert, öffnet der Falter die Flügel und in diesem »Augenblick« leuchten dem Feind zwei Augenpaare entgegen. Meist reicht dies, um die »Schrecksekunde« zur Flucht zu nutzen.

Beim Blütenbesuch verhält sich das Tagpfauenauge ähnlich. Es öffnet und schließt die Flügel immer wieder und lässt auf diese Weise für die Vögel immer aufs neue Augen aufblitzen, vor denen sie zurückschrecken. Nur zum Sonnen nach kühler Witterung hält das Tagpfauenauge die Flügel längere Zeit geöffnet. Es nimmt damit über den Blutstrom, der die Adern im Flügel durchzieht, Wärme auf.

Die Kohlweißlinge dagegen bleiben mit mehr oder weniger geöffneten Flügeln an den Blüten sitzen, die sie besuchen. Nur abends, wenn sie sich an einer geeigneten Pflanze zur Übernachtung anhän-

Bei Gefahr zieht die Raupe des Mittleren Weinschwärmers den Kopf zurück, der Vorderkörper schwillt gleichzeitig an und die Augenflecken treten deutlich hervor. Ein potenzieller Angreifer wird durch dieses »Schlangen-Gesicht« abgeschreckt.

gen, schließen sie die Flügel. Ihre überwiegend gelblichweißen Flügel tragen nur wenig auffallende, dunkle Punkte und Spitzen. Jeder sieht sie, und keinem hungrigen Vogel würden diese Falter entgehen, wenn er sich entsprechend anstrengte, um den Kohlweißling zu erhaschen. Doch wie viele Kohlweißlinge Ihren Garten auch durchfliegen mögen, die Meisen, Fliegenschnäpper oder Schwalben interessieren sich nicht dafür. Das lässt sich gut beobachten! Und achten Sie genau darauf, was passiert, wenn doch einmal ein Singvogel einen Kohlweißling gefangen hat. In aller Regel wird er ihn nur kurz probieren und dann wieder ausspeien. Die Falter enthalten nämlich Giftstoffe, die sie von den Futterpflanzen übernommen haben, an denen die Raupen fraßen. Bei den Kohlweißlingen sind dies Senföle der Kreuzblütler, die gegenüber den meisten Singvögeln als guter Schutz wirken.

Unter die Kohlweißlinge scheint sich einer hineingeschmuggelt zu haben, der jedoch nicht annähernd so schlecht wie diese für Singvögel schmeckt: der Zitronenfalter. Dieser in vieler Hinsicht ungewöhnliche Schmetterling ähnelt im Fluge so sehr einem ungenießbaren Kohlweißling, dass ihn die meisten Singvögel automatisch zu meiden scheinen. Die helleren Weibchen sind sogar noch ähnlicher als die zitronengelben Männchen. Wenn sie im Hochsommer schlüpfen, gibt es viele Kohlweißlinge (und Singvögel, die gerne Schmetterlinge verzehren!). Die Zitronenfalter fallen darunter nicht auf.

Diese Beispiele verdeutlichen exemplarisch, welche Möglichkeiten den Schmetterlingen zur Verfügung stehen, um sich vor Fressfeinden, vor allem Vögeln, zuschützen. Das Tagpfauenauge erschreckt mögliche Angreifer, sodass diese innehalten und der kurze Moment genutzt werden kann zu fliehen. Eine Methode, die sich viele Arten (z. B. Abendpfauenauge, Totenkopfschwärmer) und auch etliche Schmetterlingsraupen (vgl. Mittleren Weinschwärmer) zunutze machen. Ebenfalls zahlreiche Arten zeigen durch ihre auffällige Färbung an, dass sie giftig sind. Ein möglicher Fressfeind der eine solche Beute einmal verspeist – und sofort wieder ausgewürgt hat –, wird sich hüten, ein zweites Mal ein ähnlich gefärbtes Tier zu fressen. Deshalb müssen solche Warnfarben besonders einprägsam sein. Es gibt sie nicht nur bei Faltern (z. B. Blutströpfchen, Brauner Bär), sondern auch bei Raupen (z. B. Wolfsmilchschwärmer, Jakobskrautbär).

Elegant ist die Methode des Zitronenfalters, Fressfeinden vorzutäuschen er sei giftig. Dieses Nachahmen ungenießbarer Arten – oft nicht nur im Aussehen, sondern auch im Verhalten – wird als Mimikry bezeichnet. Darüber hinaus trägt sogar der schaukelnde, für Fressfeinde »unberechenbare« Flug der Tagfalter dazu bei, sich Räuber möglichst vom Leibe zu halten.

Das alles darf natürlich nicht darüber hinweg täuschen, dass auch unter den Schmetterlingen die meisten Arten darauf bedacht sind, möglichst nicht aufzufallen. Etliche Arten ahmen dazu sogar sehr erfolgreich Pflanzenteile und Ähnliches nach, z. B. die Kupferglucke (welkes Blatt), der Birkenspanner (Birkenrinde) oder viele Spannerraupen (dürre Zweige), eine Anpassung, die als Mimese bezeichnet wird.

Leben von Tau und Honig

Die Mundwerkzeuge der Schmetterlinge sind extrem abgewandelt und nicht mehr zum abbeißen oder gar kauen von Nahrung geeignet. (Ausnahme: Urmotten, die sich von Pollen ernähren.) Schmetterlinge besitzen einen langen elastischen Saugrüssel, der in Ruhe spiralförmig eingerollt ist. Damit können sie ausschließlich flüssige Nahrung aufnehmen. Das ist insbesondere Nektar, der in Blüten

Dieser Nierenfleck oder Birkenzipfelfalter tankt Nektar an einer Kanadischen Goldrute.

gesammelt wird. Aber je nach Art und Gelegenheit gehören auch Honigtau (Blattlausausscheidungen), Schweiß (Falter die sich auf die Haut setzen, lecken dort im Allgemeinen winzige Schweißtröpfchen auf), gärende Früchte oder Baumsäfte, die aus Verletzungen der Rinde rinnen, zur Nahrung. Eine ganze Reihe von Arten nehmen allerdings überhaupt keine Nahrung zu sich, beispielsweise zahlreiche Augenspinner, Bärenspinner und Glucken.

Zum Auffinden der Nahrungsquellen oder von Geschlechtspartnern orientieren sich die Schmetterlinge sowohl optisch als auch anhand des Geruchs (vgl. auch S. 13). Blüten besuchende Falter fungieren sehr oft als Bestäuber. Interessanterweise sind die Nachtfalter in dieser Hinsicht viel effektiver als die Tagfalter. Letztere »stehlen« genau genommen den Nektar in Blüten, die eigentlich Bienen und Hummeln angepasst sind. Diese dickbepelzten, ziemlich kurzrüsseligen Insekten wären im Zuge der gegenseitigen Anpassung von Blüten und Insekten bei zahlreichen tagblühenden Kräutern, wie z. B. beim Klee, tatsächlich die »richtigen« Bestäuber.

Die Schmetterlinge mit ihren langen, dünnen Rüsseln kommen an die Nektarquellen auch ohne die Blüten zu bestäuben heran. Sie sind nicht selten den Bienen und Hummeln dabei überlegen. Deshalb lohnte sich die Erschließung der tagsüber geöffneten Blüten als Nahrungsquelle für die Schmetterlinge erst, als die besonders langrüsseligen Formen entwickelt waren. Das sind neben den Schwärmern die Tagfalter. Letztere wichen auf die neue »Nische« des Tages aus und schöpfen den Nektar von Blüten ab, die auf andere Bestäuber eingerichtet sind. Die Tagfalter zählen daher auch zu den fortschrittlichsten, zu den stammesgeschichtlich betrachtet am weitesten entwickelten Schmetterlingsgruppen. Fast alle Gruppen der Nachtschmetterlinge sind primitiver, d. h. ursprünglicher und nicht so weit entwickelt.

Der Tag ist aber gefährlicher als die Nacht für die Schmetterlinge. Denn nicht nur die sehr gut sehenden Singvögel stellen ihnen nach, sondern sie unterliegen auch mehr der Gefahr des Austrocknens während der Tageshitze. Ihre Körper sind nämlich bei weitem nicht so kompakt und stabil gebaut oder sogar durch Wachse abgedichtet, wie jene der Hummeln und Bienen. Die Tagfalter haben daher oft Durst. Sie müssen den Wasserverlust durch regelmäßiges Trinken ausgleichen. Man findet sie an Pfützen und flachen Wasserstellen, gerne auch an noch feuchten Exkrementen, wo sie mit dem Wasser zusätzlich lebenswichtige Mineralstoffe aufnehmen. Das sind die »Kosten«, die sie dafür zu begleichen haben, dass sie am Tage die reichlichen Nektarquellen nutzen können.

Partnersuche und Wanderungen

Die minimalen Nahrungsansprüche der Falter deuten bereits darauf hin, dass sie im Allgemeinen kein sehr langes Leben führen (nur wenige Arten überwintern als Falter). Ihr Haupt-Lebenszweck ist die Fortpflanzung. Bei vielen Arten haben Männchen und Weibchen verschiedene Flügelzeichnung (Geschlechtsdimorphismus). Teilweise

Bei vielen Schmetterlingen gibt es zwischen Männchen und Weibchen auffällige Unterschiede in der Flügelfärbung oder -zeichnung. Im Foto Kleine Nachtpfauenaugen bei der Kopulation; unten das Männchen mit gefiederten Fühlern und mehr bräunlichgelben Flügeln.

tragen die Männchen so genannte Duftschuppen auf den Flügeln (s. S. 51), bei vielen Nachtfaltern sind die Fühler der Männchen deutlich größer. Am auffälligsten ist aber sicher die Flügellosigkeit beim Weibchen des Großen Frostspanners (s. S. 191).

Zur Partnersuche treffen sich die Falter von etlichen Arten auf Versammlungsplätzen, beispielsweise Eisvogel und Schillerfalter an Rändern von Waldwegen und Schneisen, Segelfalter und Kleiner Fuchs auf Hügeln. Oft sitzen die Männchen auf besonnten Zweigspitzen und fliegen vorbeikommende Weibchen an. Manche Arten, etwa Tagpfauenauge und Admiral, zeigen dabei richtiges Revierverhalten. Wieder andere Arten wie Kleiner Kohlweißling, Zitronenfalter oder Kaisermantel fliegen teilweise mehrere Kilometer auf der Suche nach den stets passiven Weibchen umher.

Erstaunlich sind die Leistungen von Nachtschmetterlingen, die ihren Partner über den Geruchssinn finden. Die Weibchen sondern Duftstoffe, so genannte Pheromone ab, die von den Männchen mit ihren stark vergrößerten, »gefiederten« (also wie ein Kamm mit beidseits Zinken aussehend) Fühlern gerochen werden. Die Männchen orientieren sich dabei insbesondere an der Strömungsrichtung der Luft. Es ist nachgewiesen, dass Falter, die in 11 km Entfernung von frisch geschlüpften Weibchen ausgesetzt wurden, zu 26 % ihre Geschlechtspartnerinnen fanden.

Die kammförmigen Fühler vieler Nachtschmetterlinge (hier ein Großes Nachtpfauenauge) dienen auch dazu, Duftstoffe in der Luft wahrzunehmen.

Noch erstaunlicher sind die Leistungen wandernder Schmetterlinge. Das bekannteste Beispiel ist sicherlich der Monarch *(Danaus plexippus)*. Millionen von Faltern sind jährlich in Nordamerika unterwegs, um zur Überwinterung in den Süden zu ziehen und im Frühjahr in die Fortpflanzungsgebiete im Norden der USA und in Kanada zurückzukehren. Auf ihrem Weg nach Mexiko in die Sierra Madre beziehungsweise in den Süden von Kalifornien (westliche Populationen) legen sie dabei teilweise mehrere tausend Kilometer zurück.

Aber auch bei uns gibt es Wanderfalter mit beeindruckenden Leistungen. Zum Beispiele den Admiral, der alljährlich aus dem Mittelmeergebiet zu uns und bis hinauf nach Skandinavien zieht. Die Falter entwickeln sich in der vegetationsreichen Regenperiode des mediterranen Klimas in großer Zahl. Mit Einsetzen der Trockenzeit machen sie sich dann auf ihren Weg in den Norden. Die Richtung der Abwanderung wird meist von der vorherrschenden Windrichtung bestimmt. Auf ihrem Weg reifen die Falter heran und legen am Ziel erneut Eier ab. Im Herbst versuchen die Tiere der neuen Generation vor der Kälte zurückzuweichen, gehen aber häufig zugrunde. Eine Überwinterung in unseren Breiten ist im Allgemeinen nicht möglich, sodass jedes Jahr eine Neuzuwanderung stattfinden muss.

Noch weiter sind die Wanderzüge des Distelfalters, der von Nordafrika bis Skandinavien oder in entgegengesetzter Richtung nach Südafrika zieht. Aber auch Wanderungen von millionenstarken Schwärmen des Kohlweißlings von Mitteleuropa über den Alpenkamm und die Mittelmeerküste entlang bis in die Gegend von Dubrovnik wurden schon beobachtet. Bei dieser Art zählt das Wandern nicht zum üblichen Verhaltensrepertoire. Normalerweise verhalten sich die Kohlweißling-Bestände nördlich der Alpen bodenständig. Generation folgt auf Generation, ohne dass ein großes Wandern dazwischen geschaltet wäre.

Das tritt nur dann ein, wenn die Dichte des Bestandes sehr groß geworden ist. Dann kommen die Falter in Wanderstimmung. Sie ändern nun ihr Verhalten. Anstatt ungerichtet und unstet über die Fluren zu gaukeln und mal hier, mal dort eine Blüte zu besuchen, stellt sich ihr Flug immer mehr in eine bestimmte Richtung ein. Bei hochsommerlichen und herbstlichen Wanderungen weist diese Richtung stets mehr oder weniger genau nach Süden. Die Wanderer erkennt man nun ganz eindeutig an ihrer Flugweise. Sie fliegen geradlinig »wie an einem unsichtbaren Faden gezogen«. Hindernisse, Gebäude etwa, umfliegen sie nicht, sondern steigen davor auf und überfliegen sie, ohne die Richtung zu ändern. Keineswegs muss dabei aber immer Rückenwind herrschen. Die wandernden Falter versuchen auch gegen den Wind anzukommen, vor allem wenn er nicht zu direkt von vorne bläst. Normalerweise würden sie nicht auf offene Wasserflächen oder über Bergmassive fliegen. Auf der Wanderung tun sie dies ohne zu zögern!

Doch nicht nur tagsüber lassen sich wandernde Falter beobachten. Es gibt auch eine ganze Reihe von Nachtfaltern, die regelmäßig ausgedehnte Wanderflüge unternehmen. So häufige Arten wie die Gammaeule und so exotisch schöne wie die Oleanderschwärmer gehören dazu. Auch der eindrucksvollste der europäischen Schmetterlinge, der Totenkopfschwärmer zählt zu den Wanderern. Dieser kräftige Schwärmer mit über 12 cm Flügelspannweite fliegt sogar aus Afrika bei uns ein. Mit schnellem Schwirrflug, der tagsüber mehr an einen Vogel erinnern würde als an einen Schmetterling, überwindet er die Sahara, das Mittelmeer und die Alpen. Bis hoch nach Skandinavien und Island hat man Totenkopfschwärmer gefunden. Diese Flugleistung kostet Energie. So verwundert es nicht, dass der Totenkopfschwärmer eine besondere Vorliebe für stark Nektar absondernde Blüten entwickelt hat und des Honigs wegen sogar Bienenstöcke aufsucht. Dabei kann der Hinterleib so sehr anschwellen, dass der große Schwärmer aus dem schmalen Einflugschlitz nicht mehr herauskommt.

Die Leistungen, die insbesondere Schwärmer bei ihren Wanderflügen vollbringen, sind enorm. Sie erreichen Geschwindigkeiten von 60–70 km/h – und das über längere Zeiträume. Ihr Flug ähnelt dabei dem eines Kolibris und sogar ihr Körper erwärmt sich auf bis zu 40 °C, sodass die Flugmuskulatur optimal arbeiten kann. Ein Schwärmer kann auf seinem Weg über die Alpen in den Norden in einer Nacht bis zu 500 km zurücklegen, bei Rückenwind durch kräftigen Föhn sogar 1000 km!

Tiere mit großer Vergangenheit

Wie bereits erwähnt leben die meisten Schmetterlinge nicht sonderlich lange, im Allgemeinen wohl nur wenige Tage bis Wochen. Die meiste Zeit im Generationszyklus eines Schmetterlings fällt auf die (Summe der) eher unscheinbaren Stadien: Ei, Raupe und Puppe.

Gelege von Schmetterlingen sind in Bezug auf Gelege- und Eiform, Färbung sowie Ablageort (meist an der Nahrungspflanze der Raupen) artspezifisch; hier vom Großen Kohlweißling auf einem Kohlblatt.

Das Eistadium

Das Ei bildet das erste Stadium in der Umwandlung zum fertigen Schmetterling. Im Grunde genommen beginnt die Entwicklung bei allen sich geschlechtlich fortpflanzenden Tieren mit einer befruchteten Eizelle – und damit mit einem »Ei« als erstem Stadium. Doch während dieses Eistadium bei vielen Tiergruppen und auch beim Menschen nur ein kurzes Anfangsstadium darstellt, bildet es bei den Schmetterlingen einen echt eigenständigen Abschnitt im Lebenszyklus. Bei einer ganzen Reihe von Arten dient es dazu, ungünstige Lebensphasen zu überbrücken. So überwintern bei zahlreichen Schmetterlingsarten die Eier oder die Jungräupchen, welche die Eier noch nicht verlassen haben.

Mit der Ortswahl der Eiablage entscheidet sich zumeist auch der Überlebenserfolg der Eier. Wählt das Weibchen die falsche Stelle, geht das Gelege zugrunde! Manche Falter setzen die Eier daher einzeln ab. Das vergrößert die Chancen, einen günstigen Platz zu treffen. Andererseits hat auch das Absetzen der Gelege auf eingstem Raum Vorteile. Die meisten Schmetterlinge legen wenigstens einige Dutzend Eier. Viele Arten bringen es auf 200–300 Stück. Man hat sogar weit über 1000 Eier pro Weibchen bei größeren Schwärmern, Bärenspinnern, aber auch bei der Gammaeule festgestellt. Selbst wenn die meisten davon Feinden zum Opfer fallen sollten, haben doch immer einige Eier gute Chancen durchzukommen. Welche Strategie der Eiablage die bessere ist, hängt daher von den Lebensumständen der einzelnen Arten ab. Eine allgemeine Regel gibt es nicht.

Das Raupenstadium

Aus dem Ei schlüpft bei den Schmetterlingen die Raupe. Sie stellt ein charakteristisches Merkmal im Entwicklungsweg der Schmetterlinge dar. Denn im Gegensatz etwa zu den Larven von Heuschrecken sieht sie dem fertigen Insekt überhaupt nicht ähnlich. Einer Schmetterlingsraupe kann man nicht ansehen, dass aus ihr einmal ein Falter hervorgehen wird.

Die Schmetterlinge vollziehen den entscheidenden Schritt zur Umwandlung in den Falter über ein weiteres Stadium, das auf die Raupenhäutungen folgt: über die Puppe. Die Gesamtentwicklung gliedert sich daher bei ihnen in 4 völlig eigenständige Abschnitte: **Ei – Raupe – Puppe – Falter**. Die Übergänge von einem Stadium zum nächsten erfolgen abrupt. Wie die Käfer oder die Fliegen zählen die Schmetterlinge deswegen zu den Insekten mit vollkommener Verwandlung (holometabole Insekten). Sie werden den ursprünglicheren Formen mit unvollständiger Verwandlung (hemimetabole Insekten) gegenübergestellt.

Die Umstellung auf die ganz klar voneinander getrennten Abschnitte stellt zweifelsohne eine besondere Leistung dar, die als Fortschritt in der Entwicklung zu bewerten ist. Die Schmetterlinge zählen somit nicht nur hinsichtlich ihrer äußeren Vielgestaltigkeit und Farbenpracht zu den hochentwickelten Insekten, sondern auch bezüglich ihrer vollständigen Verwandlung im Lebenszyklus.

Der Vorteil einer solchen »Verwandlung« liegt auf der Hand: Die Raupe stellt ein perfektes »Fressstadium« im Lebenszyklus dar, das nichts für die Heranbildung von Organen aufzuwenden hat, die später vom Fortpflanzungsstadium, vom Falter, benötigt werden. Der Raupenkörper konnte sich daher ganz auf die Anforderungen spezialisieren, welche mit der Nahrungsaufnahme zusammenhängen. Zwischen den beißenden Mundwerkzeugen einer Raupe, die wir schon bei schwacher Lupenvergrößerung gut erkennen können, und dem elastisch sich ein- und ausrollenden Saugrüssel des Falters kann es keinen kontinuierlichen Übergang geben.

Bis zur Verpuppung muss sich eine Raupe mehrmals häuten, im Durchschnitt drei- bis viermal, sodass 4–5 Raupenstadien auftreten, die sich bei manchen Arten so äußerlich erheblich unterscheiden. Häutungen sind bei Schmetterlingen, aber auch bei allen anderen Gliederfüßern (hierher gehören neben den Insekten u. a. auch die Spinnen und Krebse) notwendig. Der Körper dieser Tiere wird nicht durch innere Strukturen gestützt wie es beispielsweise die Knochen bei den Wirbeltieren sind, sondern durch ein Außenskelett. Die Beweglichkeit der mehr oder weniger starren Glieder wird durch elastische Gelenkhäute ermöglicht. Da dieses Außenskelett nicht mitwachsen kann, muss es abgestreift werden, wenn z. B. eine Raupe wächst.

Vor den Häutungen ruhen die Raupen, denn jetzt wird die neue Haut unter der alten gebildet. Danach müssen sie sich strecken, um die rasch härtende Hülle auf die erweiterte Größe zu bringen. Die eigentliche Häutung verläuft ziemlich schnell. Man sieht, wie die alte Haut am Vorderrücken platzt und die Raupe regelrecht herauskriecht – von der neuen, noch viel zu weiten Haut umgeben. Sie streckt sich. Die Borsten oder Auswüchse, die verschiedene Raupen tragen, erstarren und die Farben treten nun frisch und kräftig in Erscheinung.

Entwicklungsstadien des Admirals. Die Raupe (oben links) frisst an Brennnesseln. Die graubraune Puppe (oben rechts) zeichnet sich durch charakteristische goldene Flecken aus. Nach dem Schlüpfen des Falters (unten
links) muss dieser noch einige Zeit ruhen, um die Flügel voll zu entfalten
und auszuhärten (unten rechts).

Das Puppenstadium

Das Puppenstadium zwischen Fress- und Fortpflanzungsstadium
sorgt dafür, dass die Verwandlung ablaufen kann, ohne dass sich der
Organismus allzu direkt mit seiner Umwelt auseinandersetzen
muss. Die Nahrungsaufnahme ist eingestellt; die Beweglichkeit sehr
stark vermindert. Viele Puppen lagern in dichten Kokons oder in
Erdhöhlen, die sie nach außen zusätzlich abschirmen.

Wiederum sind die Formen recht vielseitig. Es gibt Puppen, die frei
nach unten hängen (»Stürzpuppe«). Die Raupe hatte sich mit ihren
Spinnsekreten aus den Speicheldrüsen auf der Unterlage festge-
sponnen und die Hinterleibspitze der Puppe daran verankert. Mit
dem Abstreifen der letzten Raupenhaut richtete sie sich nun frei
nach außen. Andere Raupen spinnen vorher noch einen feinen Gür-
telfaden, welcher die Puppe aufrecht hält (»Gürtelpuppe«). Manche

Puppen lassen die Flügelscheiden, die Beine und den Rüssel des sich ausformenden Schmetterlings äußerlich ziemlich stark erkennen. Andere geben sich verborgener.

Das Schlüpfen des Falters

In jedem Fall muss sich der schlüpfende Falter zunächst aus der Puppenhülle und vielleicht auch noch aus einem dichten Kokon befreien. Die Flügel sind noch eng zusammengefaltet. Blutflüssigkeit und Luft müssen in die noch weichen Flügel eingepumpt werden. Dann strecken sie sich, »wachsen« zur vollen Größe heran und erhärten. Frisch geschlüpfte Falter können daher eine zeitlang noch nicht fliegen. Sie müssen abwarten, bis alles an ihrem Körper, besonders aber bis die Flügel erhärtet sind. Kurze Zeit später geben sie dann eine milchige Flüssigkeit ab, das Meconium. Es enthält die Abfallstoffe der Verpuppung.

Generationenfolge und Überwinterung

Geschlüpfte Falter sind bald bereit zur Begattung und Eiablage. Entwickelt sich im gleichen Jahr eine weitere Generation von Faltern, so fliegen von dieser Art 2 Generationen, entweder deutlich getrennt zu verschiedenen Jahreszeiten oder aber dicht aufeinander, sodass man nicht genau sagen kann, zu welcher Generation ein gefundener Falter zählt. Entsprechendes gilt für 3 oder mehr Generationen.

Eine besonders schwierige Jahreszeit ist für die Schmetterlinge der gemäßigten Breiten der Winter mit seinen teils frostigen Temperaturen. Alle Lebewesen und so auch die Schmetterlinge haben die verschiedensten Strategien entwickelt, um über diese Jahreszeit unbeschadet hinwegzukommen (obwohl strenge Winter immer wieder ihren Tribut fordern). Am verbreitetsten ist die Methode, besonders widerstandsfähige Entwicklungsstadien für den Winter auszubilden. Bei vielen Schmetterlingen und anderen Insekten sind das die Eier. Sie können unbeschadet im Inneren von Pflanzengeweben, in Rindenritzen, der Laubstreu oder anderen Verstecken überdauern. Ebenfalls häufig überwintern die Puppen, die ja stets ein Ruhestadium darstellen. In wiederum anderen Fällen überwintern die Raupen oder Schmetterlinge.

Entscheidend für alle überwinternden Stadien ist, dass die empfindlichen Zellen mit ihren lebenswichtigen Organellen und Membranen nicht durch Eiskristalle, die sich bei unter Null sinkenden Temperaturen bilden, zerstört werden. Um dies zu verhindern wird einerseits aktiv Wasser aus den Zellen entfernt und teilweise ausgeschieden, andererseits werden auch Stoffe (Glyzerin oder Zucker) gebildet und eingelagert, die wie eine Art Frostschutzmittel wirken. So präpariert können extrem tiefe Temperaturen überstanden werden. Beispielsweise haben Puppen eines Spinners –70 °C während 24 Stunden überlebt, aber auch unser allbekannter Zitronenfalter kann während der Überwinterung problemlos mehrere Tage mit Temperaturen von –20 °C überstehen.

Wie man sich aus dem Weg geht

Wo findet man Schmetterlinge?

Schmetterlinge leben fast überall. Man kann sie bis hinauf in die Gletscherregion der Alpen und in der arktischen Tundra finden. Sie fliegen in Wäldern, Gärten, über Feldern und Wiesen. Einige trifft man mitunter sogar mitten in den Großstädten an. Die Kleidermotte, ein unscheinbarer aber umso gefürchteterer Kleinschmetterling, folgt sogar bis in die Schränke der Häuser, wo ihre Raupen besonders an Wolle und Pelzwerk erhebliche Schäden anrichten können.

Um Schmetterlinge zu finden und zu beobachten, wird man sich daher nicht gerade auf diese höchst ungern gesehenen Spezialisten stürzen, sondern in erster Linie die bunte Vielfalt der tagfliegenden, größeren Arten im Sinn haben. Die findet man aber immer seltener.

Noch vor 2 oder 3 Jahrzehnten waren blumenreiche Wiesen voll von Schmetterlingen. Sie gaukelten unübersehbar von Blüte zu Blüte. Die bunten Farben verrieten, dass zahlreiche unterschiedliche Arten darunter waren: Schwalbenschwänze mit intensiv gelben, schwarz gegitterten Flügeln, metallisch rote Dukatenfalter, himmelblau erstrahlende Bläulinge, kleine gelbe Postillione, Braunaugen, Ochsenaugen, dazu Kleine Füchse, Admiräle, Pfauenaugen, und wie sie alle heißen. Die deutschen Namen verraten, dass es sich um häufige, allbekannte Arten handelte.

Heutzutage muss man schon Glück oder Erfahrung haben, wenn man eine Stelle finden möchte, auf der noch ein Dutzend verschiedener Tagfalterarten fliegt. Magerrasen, Ödlandflächen und dergleichen, die heutigen Falterparadiese, sind selten. Man muss sie schon suchen. Dichte Wälder meiden die meisten Tagfalter. Sie kommen darin vorwiegend oder ausschließlich auf Kahlschlägen, an Schneisen und Waldwegen vor. Die offene Landschaft ist der eigentliche Lebensraum der Tagfalter. Beinhaltet sie reiche Strukturierung, so wird auch das Falterleben reichhaltig sein. Daher findet man überraschend viele Schmetterlinge in den Gärten und Parkanlagen, ja mitten in den Städten, wenn dort artenreiche, extensiv genutzte Grünflächen vorhanden sind. Besonders die an die offenen Fluren grenzenden Dorfgärten spielen heute als Lebensräume für Schmetterlinge eine besondere Rolle (s. auch S. 29).

Ein Platz für Spezialisten

Die Beispiele zeigen, dass sich viele Schmetterlinge auf bestimmte Lebensräume spezialisiert haben, in dem ihre Lebensansprüche hinsichtlich Ernährung, Fortpflanzung, Schutz vor Feinden (Verstecke), Temperatur, Feuchtigkeit und vieles mehr optimal erfüllt werden. Die Anforderungen sind vielfach sehr eng definiert. Man spricht in diesem Zusammenhang oft von der »ökologischen Nische« einer Art. Gerade bei den Schmetterlingen ist manchmal das Vorkommen einer ganz bestimmten Pflanzenart entscheidend.

Schmetterlingsraupen ernähren sich nämlich äußerst selten von allem, »was grün ist«. Viele Arten fressen nur an nah verwandten Pflanzen, etwa Gräsern, Schmetterlingsblütlern oder Rosengewächsen. Und die echten Spezialisten unter ihnen können nur an einer einzigen, ganz bestimmten Futterpflanze heranwachsen. Man bezeichnet diese Arten als monophag.

Eine solche Abhängigkeit von einer bestimmten Pflanze mag zunächst widersinnig erscheinen. Wo die Pflanze ausstirbt, verschwindet nämlich ganz automatisch auch der Schmetterling. Auf der anderen Seite gelingt es solchen Spezialisten durch ihre Anpassung häufig, Nahrungsquellen zu erschließen, die für andere Arten nicht zugänglich sind. Auch Pflanzen versuchen nämlich durch das Einlagern bestimmter Stoffe, sich ihrer Feinde zu erwehren. In diesem zwischenartlichen »Krieg« haben natürlich Fressfeinde, die sich durch ihre Spezialisierung auf bestimmte Pflanzeninhaltsstoffe eingestellt haben, unbestreitbare Vorteile.

Ein weiterer positiver Nebeneffekt der Spezialisierung auf bestimmte Nahrungspflanzen ist der, dass ein Lebensraum von wesentlich mehr Arten besiedelt werden kann. Lebt - im Extrem - an jeder Pflanzenart eine andere Schmetterlingsraupe, so kann es in einem Lebensraum gleich viele Schmetterlings- wie Pflanzenarten geben. Die Zahl würde zudem noch erhöht, weil oft auf verschiedenen Teilen einer Pflanze oder zu unterschiedlichen Jahreszeiten abermals andere Arten leben. Dies ist ein verbreitetes Prinzip, gemäß dem auch nah verwandte Arten unter Vermeiden von Konkurrenz im gleichen Lebensraum vorkommen können.

Schmetterlinge genauer betrachtet

Nicht nur die Schönen gehören dazu

In den vergangenen Abschnitten war mehrfach davon die Rede, dass die große Insektenordnung der Schmetterlinge nicht nur aus den auffälligen und attraktiven Arten besteht, also Tagfaltern, Schwärmern usw., sondern dass vielmehr die Mehrzahl der Schmetterlinge eher unscheinbar ist und versteckt lebt. Während es insgesamt etwa 230 Tagfalterarten in Mitteleuropa gibt, umfasst allein die Familie der Eulenfalter etwa 650 Arten, die der Spanner ungefähr 550 Arten.

Natürlich werden in diesem Buch insbesondere solche Arten vorgestellt, denen Sie draußen in der Natur häufig begegnen. Deshalb machen die Tagfalter nahezu die Hälfte der vorgestellten Arten aus. Zudem wurden solche Arten ausgewählt, die auch von Laien leicht erkannt werden können.

Auf die Erläuterung des wissenschaftlichen Systems und der Verwandtschaftsverhältnisse wird an dieser Stelle bewusst verzichtet. Es genügt, wenn Sie sich mit den Kennzeichen der Hauptgruppen in diesem Buch vertraut machen (s. S. 24 ff.). Ansonsten erfreuen Sie sich lieber an den wunderschönen Faltern, beobachten Sie deren interessante Verhaltensweisen und versuchen Sie, mehr über ihr Leben herauszufinden. Die Texte geben dazu zahlreiche Anregungen.

Eine Anmerkung aber zur Namensgebung. Nur die wirklich häufigen und auffälligen Schmetterlinge haben einen seit langem gebräuchlichen deutschen Namen. Die meisten Arten wurden von Wissenschaftlern lediglich unter ihrem lateinischen Namen beschrieben. Er besteht stets aus zwei Teilen, dem groß geschriebenen Gattungsnamen, gefolgt vom klein geschriebenen Artnamen. Der lateinische oder wissenschaftliche Name des Admirals lautet dementsprechend *Vanessa atalanta*. Den Gattungsnamen teilen sich viele Arten mit ihren nächsten Verwandten. So heißt der Distelfalter *Vanessa cardui*. Viele deutsche Namen – auch in diesem Führer – wurden nachträglich als Übersetzung vom wissenschaftlichen Namen abgeleitet. In etlichen Fällen sind aber auch ältere volkstümliche Namen in wissenschaftliche Bezeichnungen eingeflossen.

Leider bleiben die wissenschaftlichen Namen nicht unverändert. Vor allem die Gattungsbezeichnungen wechseln immer wieder, weil die Spezialisten zu anderen Ansichten kommen. Das schafft viel Verwirrung; auch in diesem Buch stimmen die Namen nicht immer mit denen in anderen Büchern überein. Die Forschungen zu den Verwandtschaftsverhältnissen sind noch stark im Fluss.

Die äußere Gestalt eines Schmetterlings

Im äußeren Erscheinungsbild des Körpers, dem »Habitus«, lässt sich zunächst die Grundgliederung des Bauplans der Insekten klar und deutlich ablesen. Drei Abschnitte setzen den Körper zusammen: Kopf, Brust und Hinterleib. Der **Kopf** trägt ein Paar Fühler (Antennen), die wichtige Umwelteindrücke an das Gehirn vermitteln; die beiden Komplexaugen sind in der Regel relativ groß; anstelle der insektenüblichen Mundwerkzeuge tragen die Falter einen Rüssel; ein Paar Taster (Palpen) befindet sich meist neben ihm.

Eng abgeschnürt sitzt der Kopf am **Bruststück**, das auf seiner Unterseite die 3 Beinpaare trägt. Bei vielen Tagfaltern ist das erste verkürzt und zu mehr oder weniger deutlichen »Putzpfoten« umgebildet, sodass nur 2 Beinpaare zum Laufen eingesetzt werden. Die Beine halten den Vorderkörper zumeist leicht von der Unterlage abgehoben. Stellen sich die Tiere tot, was nicht selten geschieht, wenn man ruhende Falter stört, dann legen sie die Beine so eng an die Körperseiten, dass sie mitunter kaum mehr zu erkennen sind. Im Gegensatz zu Käfern und anderen Insektengruppen entwickeln Schmetterlinge ziemlich dünne und schlanke Beine. Sie tragen bei manchen Arten Sinnesorgane, die Geschmacksstoffe wahrnehmen können.

Auf der Seite des Bruststücks setzen die beiden **Flügelpaare** an. Sie sind mit den für die ganze Ordnung der Schmetterlinge charakteristischen Schuppen bedeckt. Diese stellen umgebildete Haare dar, die dachziegelartig übereinander greifen. Bei einigen Arten fallen sie gröber, bei anderen besonders fein aus.

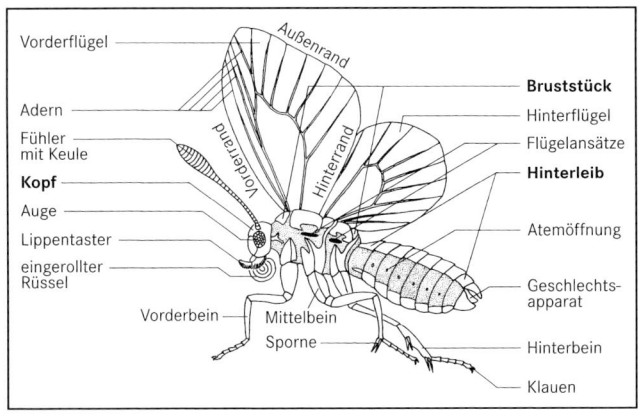

Schematische Darstellung eines Schmetterlings.

Eine Vielfalt von Variationen begegnet uns auch in Form und Schnitt der Flügel. Lang, schmal und »schnittig« sind sie bei guten Langstreckenfliegern, beispielsweise bei vielen Schwärmern. Breite, runde Flügel eignen sich für blitzschnelle Wendungen. Sie verursachen den »gaukelnden« Flug vieler Tagfalter, der sie vor anfliegenden Vögeln entkommen lässt. Ähnliche Formen entwickeln die Spanner, während die Eulen mit kurzen, kräftigen Flügeln gute Flugeigenschaften für ihre nächtlichen Aktivitäten brauchen.

Die Flügel besitzen oft eine sehr charakteristische Zeichnung (z. B. Bänder und Flecken). Besonders markant sind verschiedene so genannte Makeln bei den Eulenfaltern, insbesondere die Ring-, Nieren- und Zapfenmakel, die in der namengebenden Form – wenn vorhanden – stets an der gleichen Stelle des Flügels sitzen (vgl. auch die Fotos S. 123–145). Die Position eines Zeichnungsmusters auf den Flügeln wird mit vorn, außen oder hinten angegeben (vgl. Grafik). Man beachte, dass »außen« stets den Flügelrand bezeichnet, der von der Flügelansatzstelle am Körper am weitesten entfernt ist. Bei dachartig angelegten Flügeln ist dies aber der Hinterrand, sodass »vorn« entsprechend den Seitenrand kennzeichnet.

Der **Hinterleib**, der letzte Hauptabschnitt am Schmetterlingskörper, zeigt weniger Variationen. Er ist bei einigen Gruppen ziemlich schlank und lang, bei anderen, etwa den Spinnern, dick und plump. An seinem zugespitzten Ende befinden sich die Fortpflanzungsorgane, die selbst bei besonders schwierig zu unterscheidenden Arten stets eindeutige Bestimmungen zulassen. Denn hier schließen besondere Bildungen Fehlpaarungen aus. Für den Schmetterlingsfachmann besteht daher die exakte Bestimmung nicht selten in einer Überprüfung der Begattungsorgane beim Männchen. In diesem Führer wird auf solche Darstellungen verzichtet, weil sie eingehende Erfahrung in der Präparationstechnik und umfangreiches Vergleichsmaterial voraussetzen. Der vorliegende Band soll vielmehr helfen, lebende Schmetterlinge zu erkennen.

Das Bestimmen mit diesem Buch

Die Hauptgruppen

Der Bestimmungsteil des Buches ist unterteilt in 13 Hauptgruppen, die jeweils durch eine Leitfarbe und ein Piktogramm (Symbol) gekennzeichnet sind. Man sollte sich zunächst mit diesem System vertraut machen, das in der Kolumne, also der ersten Zeile oben auf jeder Seite, stichwortartig erklärt wird. Es sollte rasch jedem Benutzer möglich sein, wenn er eine unbekannte Art sucht, zu erkennen, in welcher Gruppe/unter welcher Leitfarbe er diese Art finden kann.

Die ersten 6 Hauptgruppen umfassen Tagfalter, die folgenden 7 beinhalten Nachtfalter und Kleinschmetterlinge. Deshalb zunächst ein paar Anmerkungen dazu. Eine Unterscheidung von Tag- und Nachtfaltern ist nicht immer anhand der Flugzeiten möglich. Etliche »Nachtfalter« sind nämlich auch bei Tag aktiv – und in der Dämmerung sind die Übergänge generell fließend. In der wissenschaftlichen Systematik hat man diese Einteilung schon seit längerem aufgegeben, aber für die Praxis des Schmetterlingsfreundes hat sie immer noch gewisse Vorzüge.

Deshalb zunächst einmal die wichtigsten Merkmale, an denen man einen Tagfalter zweifelsfrei als solchen erkennen kann: Am charakteristischsten sind sicher die großen Flügel, die sowohl über den Rücken aufrecht zusammengelegt als auch flach ausgebreitet werden können und die oft auffällige Farben und Muster tragen. Typisch sind auch die keulenförmigen Fühler. Bei den Familien der Augenfalter (Satyridae) und Edelfalter (Nymphalidae) sind die Vorderbeine verkürzt und als Putzbeine ausgebildet. Viele Tagfalter zeigen einen unsteten, gaukelnden Flug dicht über der Vegetation.

Eine Familie, die Dickkopffalter (Hesperiidae), weicht sehr stark vom sonstigen Aussehen der Tagfalter ab. Sie wird von manchen Systematikern als eigenständige Gruppe betrachtet, die mit den Tagfaltern nicht näher verwandt ist, sondern sich durch ihre tagaktive Lebensweise in manchen Punkten diesen genähert hat.

Die folgende Aufstellung zeigt alle 13 Gruppen im Überblick mit ihrer Leitfarbe und dem entsprechenden Symbol. Sowohl bei den Tag- als auch bei den Nachtfaltern wurden die Hauptgruppen so angeordnet, dass die Gruppen, deren Vertreter leicht zu erkennen sind, an den Anfang gestellt wurden. Natürlich mag auch ein Perlmutterfalter »groß und bunt« erscheinen, aber seine scheckig gelbschwarze Flügelzeichnung weist ihn eindeutig als zu dieser Gruppe gehörend aus. Auch Schwärmer haben einen dicken Hinterleib, aber durch ihre Flügelform und Flugweise unterscheiden sie sich eindeutig von den Arten der Gruppe »Dickleibige Nachtfalter«. Die Zuordnung einer unbekannten Art zu einer Hauptgruppe sollte also immer von vorn, von den einfachen Gruppen her, nach hinten erfolgen, bis schließlich die richtige, »passende« Gruppe gefunden ist. Durch dieses System ist es möglich, leicht kenntliche und doch überschaubare Gruppen zu definieren.

Tagfalter: groß, weiß bis gelb, oft mit Schwarz. In dieser Gruppe sind typische Tagfalter vereinigt, bei denen die Farbe Weiß im Flügel dominiert. Insbesondere gehören alle Weißlinge hierher, das Spektrum erstreckt sich aber über die Apollofalter und den Zitronenfalter bis hin zum Aurorafalter. Helle Tagfalter, die eher »bunt« wirken, z. B. der Schwalbenschwanz, wurden zur letzten Tagfalter-Gruppe mit den großen bunten Arten gestellt.

 Tagfalter: mittel bis groß, gelb-schwarz, scheckig. Vertreter dieser Gruppe entsprechen in ihrer Flügelzeichnung dem typischen Erscheinungsbild eines Perlmutterfalters, die auch die meisten Arten dieser Gruppe ausmachen.

 Tagfalter: mittel bis groß, rundlich, dunkel bräunlich. Typische Vertreter dieser Gruppe sind die Mohrenfalter. Sie besitzen abgerundete Flügel (also ohne betonte Ecken oder Zipfel) und die Flügel-Grundfarbe ist düster bräunlich. Häufig gibt es auffällige Augenflecken bei Arten dieser Gruppe.

 Tagfalter: klein, braun oder auffällig farbig (z. B. blau). Hierher gehören die früher so häufigen kleinen »Wiesenfalter«, die an sonnigen Tagen über die Blumen-Grasfluren flattern. Typische Vertreter sind die Bläulinge, bei denen die Weibchen allerdings häufig nicht leuchtend blau, sondern unscheinbar braun sind. Auch die Zipfelfalter mit ihrem namensgebendem Fortsatz am Hinterflügel, z. B. der unterseits auffällig grüne Brombeerzipfelfalter, und der oberseits leuchtend rote Feuerfalter zählen zu dieser Gruppe.

 Tagfalter: mittel bis klein, Dickköpfe. Die kleinen Falter unterscheiden sich von den »echten« Tagfaltern vor allem durch die hakenförmig gebogenen spitzen Enden ihrer Fühlerkeulen. Ihr Flug ist außerdem schnell und schwirrend, nicht flatternd oder segelnd. In Ruhehaltung sind die schmalen Vorderflügel nach außen leicht schräg aufgestellt und die gerundeten Vorderkanten der Hinterflügel stehen nach vorn etwas hervor, meist noch stärker aufgestellt.

 Tagfalter: groß, auffällig bunt. Hier sind alle Tagfalter vereint, die zu keiner der vorher beschriebenen Gruppen »passen«. Es sind dies die auffällig bunten, großen Schmetterlinge, die von jedem als typische Tagfalter erkannt werden, etwa Tagpfauenauge, Kleiner Fuchs oder Admiral.

 Bären und Widderchen (mit auffälligen Warnfarben). In dieser Gruppe wurden Vertreter von 2 Familien vereint, die durch ihre auffälligen Farben unter den meist unscheinbar gefärbten Nachtschmetterlingen auffallen. Die Bärenspinner sind dickleibig, haben einen meist dick bepelzten Körper und bewegen sich träge. Die Widderchen oder »Blutströpfchen« dagegen sind klein, mit kolbenförmig verdickten, an der Spitze charakteristisch gekrümmten Fühlern. Sie fliegen wie die Tagfalter am Tage! Fast alle zu dieser Gruppe gehörenden Schmetterlinge besitzen eine auffällige Flügelfärbung, häufig in kräftigen Rot-, Gelb-, Grün- und Schwarztönen, die auf die Giftigkeit der Arten verweist und als Warnfärbung eventuelle Fressfeinde abschrecken soll.

 Schwärmer. Die ziemlich einheitliche Gruppe der Schwärmer zeichnet sich durch kräftige, schnittige Flügel und einen ebenfalls kräftigen, aber schlank oder stromlinienförmig wirkenden Körper aus. Es handelt sich durchwegs um gute Flieger, von denen einige wenige auch tagaktiv geworden sind (Taubenschwänzchen). Zu den Schwärmern gehören die kräftigsten mitteleuropäischen Falter. Die Hinterflügel sind erheblich kleiner als die beim Fliegen die Hauptarbeit leistenden Vorderflügel. (Der wegen seiner ungewöhnlichen Flügel ganz anders aussehende Hornissenschwärmer wurde zur drittletzten Gruppe gestellt.)

 Eulenfalter. Sie besitzen in der großen Mehrzahl einen kräftigen Körper, tarnfarbig braungrau gezeichnete Vorderflügel mit charakteristischen Zeichnungselementen wie Ring-, Nieren- und Zapfenmakel, Quer- und Wellenlinien. Diese Zeichnungsbestandteile kommen jedoch nicht bei allen Arten gleichermaßen vor. Doch ihre Grundanordnung bleibt gewahrt. Die Hinterflügel werden von den dachförmig getragenen Vorderflügeln abgedeckt. Die Fühler sind meist fadenförmig. Bei einigen Arten tragen sie aber einen feinen Kamm. Die Schwankungsbreite der Faltergrößen reicht von wenigen Millimetern bei den kleinsten Arten bis hin zu den fast 10 cm Spannweite erreichenden Ordensbändern.

 Dickleibige Nachtfalter (z. B. Spinner, Nachtpfauenaugen). Hier sind alle dickleibigen Nachtfalter vereint, die zu keiner der vorgenannten Gruppen »passen«. Gemeinsames Kennzeichen sind der dicke Hinterleib und die meist wollige Behaarung des Körpers. Die Männchen besitzen im Allgemeinen deutlich gekämmte Fühler, die Flügel werden dachartig an den Körper gelegt, der Körperumriss ist dreieckig. (Achtung! Die letztgenannten Merkmale gelten zum Teil auch für Nachtfalter in anderen Gruppen. Zur Abgrenzung immer sämtliche genannten Hinweise beachten.)

 Nachtfalter mit besonderer Flügelform oder –zeichnung: Die Gruppe vereint Nachtschmetterlinge aus verschiedenen systematischen Gruppen, die durch ihre ungewöhnliche Flügelform oder -färbung auffallen: Sichelflügler mit ihrer namensgebenden Flügelform beim Sitzen; das Blausieb mit seinen glasigen, durch die charakteristische Fleckung wie »durchsiebt« aussehenden Flügeln (die weniger auffälligen Vertreter der so genannten Bohrer gehören zur vorhergehenden Gruppe); der mit seinen transparenten Flügeln eine große Wespe nachahmende Hornissenschwärmer.

Spanner. Spanner sitzen in der Regel mit ausgebreiteten, der Unterlage angedrückten Flügeln. Die Zeichnungsmuster erstrecken sich daher auch stärker auf die Hinterflügel. Es herrschen kleine, zarte Formen mit kleinem Hinterleib vor. Doch die Birkenspannergruppe enthält ziemlich kräftige Arten, die entfernt an Schwärmer erinnern, aber die Flügel flach ausgebreitet halten.

Kleinschmetterlinge. Diese Gruppe setzt sich aus zahlreichen, meist nicht näher verwandten Familien zusammen, deren einziges gemeinsames Merkmal die geringe Größe ist. Daneben sind sie schmalflügelig, häufig gestreckt-spindelförmig, haben aber ganz unterschiedliche Mundwerkzeuge, Fühler und Flügelgeäder.

Bestimmungshilfe 3er-Check

Wenn man einen unbekannten Schmetterling sieht und im Bestimmen keine Übung hat, können die vielen Merkmale, die jede Art kennzeichnen und in den Bestimmungsbüchern wiedergegeben werden, vielleicht verwirren. Welches sind die wirklich wichtigen Merkmale? Auf welche Einzelheiten ist zu achten? Mit »klein«, »auf einer Wiese« und »die Flügel waren überwiegend blau« lässt sich wenig anfangen. Auch gut erkannte Einzelheiten erweisen sich oft als wenig nützlich, wenn sie für viele andere Arten zutreffen.

Jeder Kenner wird andererseits bestätigen, dass eine unbekannte Art anhand ganz weniger, nur für sie zutreffender Merkmale leicht zu identifizieren ist. Es ist nur wichtig zu wissen, worauf man achten muss. An dieser Stelle setzt nun der 3er-Check an.

Jede Schmetterlingsart kann durch eine einmalige Kombination von maximal 3 Merkmalen von jeder anderen Art innerhalb der entsprechenden Gruppe unterschieden werden.

Jede Textaussage wird in einem Bild illustriert, sodass auch der Anfänger keine Probleme hat zu erkennen, worauf er achten muss. Wenn alle Angaben des 3er-Checks zutreffen, kann man sicher sein, dass es sich um die betreffende Art handelt. Wenige Arten sind so ungewöhnlich, dass sie schon durch die Kombination von 2 Merkmalen unverwechselbar gekennzeichnet sind, etwa der Brombeerzipfelfalter oder der Oleanderschwärmer. In solchen Fällen gibt es einen »2er-Check«.

Gewisse Einschränkungen wird es allenfalls dann geben, wenn sehr nahe verwandte und in fast allen wesentlichen Merkmalen sehr ähnliche Arten unterschieden werden müssen oder wenn artspezifische Unterscheidungsmerkmale mit den hier genutzten Darstellungsformen nicht verdeutlicht werden können. Diese »schwierigen« Arten wurden in diesem Buch nicht berücksichtigt. So dürfte es auch für den interessierten Laien ein Erfolgserlebnis sein, mit Hilfe der angebotenen Merkmalskombination bei den zahlreichen in diesem Buch vorgestellten Arten nahezu mühelos zum Ziel zu gelangen.

Ergänzende Angaben im Text

Bei allen Arten ist der dem 3er-Check folgende Text in gleicher Weise in Stichwörter gegliedert, sodass man sich nicht nur schnell zurechtfinden kann, sondern auch unmittelbare Vergleiche mit anderen Arten erleichtert werden.

Die Artbeschreibungen nennen neben deutschem und wissenschaftlichem Namen auch den Gefährdungsgrad gemäß der Roten Liste für Deutschland, falls die Art dort verzeichnet ist. Es bedeutet: RL 1 = vom Aussterben bedroht, RL 2 = stark gefährdet, RL 3 = gefährdet, RL 4 = potenziell gefährdet. In Deutschland geschützte Arten sind mit dem §-Zeichen gekennzeichnet.

Unter dem Stichwort **Merkmale** finden sich insbesondere zusätzliche Hinweise zur Flügelzeichnung und (falls zutreffend) zum Geschlechtsdimorphismus. Unter **Vorkommen** werden zunächst die bevorzugten Lebensräume der Art genannt. Darüber hinaus finden sich hier – falls von Bedeutung – Hinweise zur Höhenpräferenz im Gebirge und zur geografischen Verbreitung. Die meisten der im Buch vorgestellten Arten sind in ganz Mitteleuropa verbreitet.

Das Stichwort **Lebensweise** gibt schließlich Hinweise zum Verhalten (daraus lassen sich wertvolle Tipps für die erfolgreiche Beobachtung ableiten), zur Nahrung und Fortpflanzung sowie zu den Raupen und ihren Futterpflanzen. Bei Raupen, die im Raupenteil (S. 208–230) eingehender behandelt werden, erfolgen meist nur kurze Hinweise mit einem Verweis auf die Abbildung hinten.

Angaben zur Generationenfolge mit Flugzeiten gibt es beim Stichwort Lebensweise. In der **Monatsleiste** am unteren Ende jeder Seite sind nochmals diejenigen Monate farbig markiert, an denen eine Art in Mitteleuropa im Freiland angetroffen werden kann. Hinweise auf die Generationenfolge können daraus im Allgemeinen nicht abgeleitet werden, da die Übergänge nicht dargestellt sind (bei zwei Flugzeiten von April bis Mai und von Juni bis August ist der gesamte Bereich von April bis August farbig markiert, da die Art ja während der gesamten Zeit angetroffen werden kann, wenn auch in verschiedenen Generationen). Mögliche Überwinterungszeiten des Falters sind nicht dargestellt, da die Tiere während dieser Zeit verborgen sind und nicht fliegen.

Auch der früher über feuchten Wiesen häufige Dukatenfalter zählt heute bei uns zu den gefährdeten Arten.

Gefährdung und Artenschutz

Früher gab es viel mehr Schmetterlinge als heute. Aber damals blühten die Wiesen auch in bunter Blumenpracht. Durch Flurbereinigung und übermäßige Düngung ist die Vielfalt geschwunden und es können nur einige wenige Schmetterlingsarten vorkommen. Am häufigsten sehen wir solche, wie die Tagpfauenauge, Kleiner Fuchs oder Admiral im Raupenstadium an Brennnesseln leben oder wie die Kohlweißlinge an Nutzpflanzen der Landwirtschaft vorkommen können. Ihre Futterpflanzen vertragen, ja brauchen zum Wachstum viel Stickstoffdünger. Deshalb ist das Spektrum der Falter heutzutage besonders draußen in Feld und Flur sehr einseitig geworden.

Günstiger liegen die Verhältnisse für Schmetterlinge, die an Waldrändern oder im Wald leben. Aber auch sie leiden vielerorts unter dem Einsatz von Hilfsstoffen der landwirtschaftlichen Produktion, wenn diese vom Wind an die Waldränder und Gebüsche verweht oder von den Niederschlägen in die Gräben und Bäche eingeschwemmt werden.

Zahlreiche Arten mussten wegen der starken Rückgänge in den vergangenen Jahren oder Jahrzehnten unter Schutz gestellt werden. Die meisten Tagfalterarten, Schwärmer, Ordensbänder und andere unterliegen einem allgemeinen Verbot des Sammelns. Besonders selten gewordene, bestandsbedrohte Arten sind in die »Roten Listen« aufgenommen und darin verschiedenen Kategorien der Gefährdung zugeordnet worden. Auf solche Arten soll insbesondere bei baulichen Veränderungen Rücksicht genommen werden. Auch Ausgleichsmaßnahmen, wie Neuschaffung von Ersatz-Lebensräumen sind von den Naturschutzgesetzen und -verordnungen vorgesehen.

Den Rückgang vieler Schmetterlingsarten hat dies kaum gebremst, weil Überdüngung der Fluren und ihre Behandlung mit Pflanzenschutzmitteln viel zu großflächig wirken. Doch die zunehmende Artenvielfalt und Häufigkeit der Schmetterlinge im Siedlungsraum, in Dörfern und Städten, ja sogar in den Millionenstädten, beweist, dass Hilfsmaßnahmen möglich sind und wirksam werden können. Rasenflächen lassen sich schmetterlingsfreundlich gestalten, wenn sie nicht ganz kurz gemäht werden. Auch Blumenwiesen sind in den Parkanlagen der Städte möglich, und die Gärten können reichlich Artenvielfalt bei den Pflanzen bieten, die den Schmetterlingen zugute kommt. Düngung vermindern, Pflanzenarten-Vielfalt fördern und behutsam pflegen; das sind die drei Grundpfeiler des Schmetterlingsschutzes. Jeder Garten, auch ein kleiner, kann zu einer Wohnstatt für Schmetterlinge werden! Ein lediglich 6000 m² großer, ungedüngter und »wild wachsender« Innenhof in München wies, wie genaue Untersuchungen ergeben haben, die schier unglaubliche Artenfülle von 370 verschiedenen Arten von Schmetterlingen auf. Es ist also keinesfalls zu spät und hoffnungslos, im dicht besiedelten und intensiv genutzten Mitteleuropa die Vielfalt der Schmetterlinge bewahren oder wieder herstellen zu wollen. Doch dazu sollten wir kennen, was es zu erhalten und zu schützen gilt! Nicht Naturschutzgesetze schützen die Schmetterlinge – wir müssen sie schützen!

Großer Kohlweißling *Pieris brassicae*

1 Groß, weiße Grundfarbe; schwarze Flügelspitzen (hier Männchen)

2 Schwarz der Flügelspitze reicht bis Mitte des Außenrandes (Weibchen)

3 2 auffällige schwarze Flecken auf Unterseite

3er-Check

Merkmale: Großer, weitgehend weißer Falter mit gaukelnder Flugweise. Häufig wird der Flug zum Blütenbesuch unterbrochen. Dabei ist bei zusammengelegten Flügeln die gelbliche Unterseite mit fein schwarzer, wie mit Pfeffer bestreut wirkender Beschuppung zu erkennen. Die Weibchen sind etwas größer als die Männchen und sie tragen im Vorderflügel 2 große schwarze, rundliche Flecken. Diese fehlen den Männchen auf der Flügeloberseite, sind aber (wie auch bei den Weibchen) auf der Flügelunterseite vorhanden, dort aber nicht immer leicht zu sehen. Wichtigster Unterschied zum sonst sehr ähnlichen Kleinen Kohlweißling: Das Schwarz der Vorderflügelspitze ist stets deutlich scharf abgesetzt. Die Flugweise wirkt ruhiger als beim kleineren Verwandten.

Vorkommen: Gärten und offenes Kulturland; gern an Distelblüten und blühenden Wicken. Jahrweise recht unterschiedliche Häufigkeiten. Raupen (s. S. 209) an Kreuzblütlern (z. B. Weißkraut).

Lebensweise: Fliegt in mehreren, meist 2 oder 3 Generationen. Die Puppe überwintert. Die Falter fliegen auch bei wenig Sonne und kühlerer Witterung. Von Vögeln werden sie weitgehend verschmäht wegen eingelagerter Giftstoffe im Körper.

J	F	M	A	M	J	J	A	S	O	N	D

Pieris rapae **Kleiner Kohlweißling**

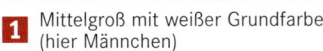

1 Mittelgroß mit weißer Grundfarbe (hier Männchen)

2 Vorderflügelspitze schwach und unscharf schwarz

3 Unterseite mit kleinen, verwaschenen schwarzen Flecken

3er-Check

Merkmale: Deutlich kleiner als der Große Kohlweißling. Die Spitzen der Vorderflügel nur undeutlich schwarz mit schmalem, weißlichem Rand und nicht bis zur Mitte des Außenrandes reichend. Im Vorderflügel des Männchens ein deutlicher (Sommergeneration) oder undeutlicher (Frühjahrsgeneration) schwarzer Fleck; Beim Weibchen ein stets deutlicher schwarzer Doppelfleck. Unterseite der Hinterflügel fast rein hellgelb, mit lediglich ganz feiner schwarzer Beschuppung und wenig auffallenden Adern. Im Flug schneller als der Große Kohlweißling.

Vorkommen: Gärten und offenes Kulturland, aber auch lichte Wälder. Gehört zu den häufigsten Tagfaltern Mitteleuropas; mitunter in großer Zahl auf blütenreichen Wiesen (Kleeblüte) oder in Gärten anzutreffen. Die Raupen (s. S. 209) leben an Kreuzblütlern.

Lebensweise: Fliegt früh im Jahr; oft schon wenn die ersten Frühlingsfalter herumgaukeln. Mehrere Generationen pro Jahr. Die Puppe überwintert. Die Raupen verursachen manchmal Schäden an Weißkraut. Sie werden, wie auch die Falter, wegen ihrer giftigen Inhaltsstoffe kaum von Vögeln gefangen und verzehrt. In manchen Jahren Wanderzüge der Falter Richtung Süden (s. S. 14 f.).

| J | F | M | A | M | J | J | A | S | O | N | D |

Rapsweißling *Pieris napi*

3er-Check

1 Adern der Hinterflügel-Unterseite kräftig gefärbt hervortretend

2 Oberseite verwaschen weiß (hier Sommergeneration)

3 Flügelspitzen undeutlich dunkel (hier Frühlingsgeneration)

Merkmale: In der 1. Generation im Frühjahr die Adern oberseits grau, unterseits kräftig olivgrün auf gelber Grundfarbe der Flügelunterseite (Grünaderweißling!). Bei Faltern der Sommergeneration fällt die Aderzeichnung schwächer aus. Männchen mit 1, Weibchen mit 2 schwarzen Flecken im Vorderflügel. Die Schwarzfärbung der Vorderflügelspitze läuft nach innen zu an den Adern entlang und setzt sich daher nicht scharf von der weißen Grundfarbe der Flügel ab. Noch etwas kleiner und im Flug schneller als der Kleine Kohlweißling; im Frühjahr gelblicher und weniger hell wirkend. Falter der Sommergeneration fallen in der Färbung heller und in der Zeichnung schwächer aus und lassen sich daher nur bei genauer Betrachtung eindeutig bestimmen.

Vorkommen: Verbreitet und häufig auf offenem Gelände, in Gärten, über blütenreichen Wiesen und in lichten Wäldern; auch an Hecken und in den Städten fliegend.

Lebensweise: Die Falter kommen in 2–3 Generationen vor. Die Raupen leben an verschiedenen Kreuzblütlern, jedoch in aller Regel nur an kleinen, wild wachsenden Arten und nicht an Kohl. Überwinterung im Puppenstadium.

J	F	M	A	M	J	J	A	S	O	N	D

Leptidea sinapis **Senfweißling**

1 Kleiner, sehr zarter Weißling

2 Vorderflügelspitze mit großem dunklem Fleck, der auf der Unterseite durchschimmert (Männchen)

3 Körper sehr dünn

3er-Check

Merkmale: Oberseite weiß; mit großem, schwärzlichem und gerundetem Fleck in der Vorderflügelspitze, der beim Männchen kräftig ausgebildet, beim Weibchen nur angedeutet ist. Er schimmert auf der gelblichen Flügelunterseite in der Ruhehaltung mit zusammengeklappten Flügeln durch. Flugweise auffällig langsam und niedrig. Die Falter der Frühjahrsgeneration haben eine mehr grünlichgraue Flügelunterseite. Im Sitzen ragen oft die Spitzen der Vorderflügel über die sie sonst abdeckenden, rundlichen Hinterflügel hinaus.

Vorkommen: Lichte Wälder, offene Stellen oder Ränder von mageren Gehölzen auf kalkreichem Untergrund. Daher bleiben die Vorkommen trotz weiter Verbreitung in Europa lokal.

Lebensweise: 2 Generationen, die sich äußerlich auch an der Färbung der Flügelunterseite unterscheiden. Die Männchen patrouillieren oft an Waldpfaden entlang und sammeln sich mitunter in größerer Zahl an Pfützen. Die Raupen leben an Platterbsen; die Puppen überwintern. Die Häufigkeit schwankt von Jahr zu Jahr mitunter stark. Die Falter fliegen nur bei warmer Witterung und sehen mit ihrem dünnen Hinterleib wie unterernährt aus.

J	F	M	A	M	J	J	A	S	O	N	D

Baumweißling *Aporia crataegi* RL 4

2 1

1	Adern und Flügelränder bilden ein feines schwarzes Netzwerk
2	Flügelform rundlich
3	Oberseite wie Unterseite (hier Männchen)

3er-Check

3

Merkmale: Großer weißer Falter mit kennzeichnenden schwarzen Adern. Die weißen Flächen sind so schwach beschuppt, dass sie durchscheinend wirken und dem Falter in Flug wie Ruhehaltung ein unverkennbares Aussehen verleihen. Bei den Männchen wirkt der Körper bläulich bereift und der Hinterleib bleibt dünn, während er bei den Weibchen dicker und schwarz gefärbt ist. Außerdem tragen die Männchen auf der Flügeloberseite etwa in der Mitte hinter dem Vorderrand einen kräftigen, kommaartigen schwarzen Fleck (Adersteg).

Vorkommen: Unregelmäßig verbreitet und jahrweise häufig, dann wieder selten. Vor allem in Niederungen und wärmebegünstigten, niederschlagsarmen Gebieten, wo es auch zu Massenvermehrungen kommen kann, zum Beispiel an Autobahn-Pflanzungen. Parkanlagen mit Schlehengebüsch.

Lebensweise: Oft sammeln sich die Falter zu mehreren oder in größeren Gruppen an Distelblüten oder am Rande von Pfützen nach Sommerregen, wo sie Mineralstoffe aufsaugen. In früheren Jahren gab es öfters Massenentwicklungen der Raupen (s. S. 208) in Obstkulturen, meist ohne nachhaltige Schäden.

J	F	M	A	M	J	J	A	S	O	N	D

RL 1, § *Parnassius mnemosyne* ## Schwarzer Apollo

1	Flügel durchscheinend grauweiß, mit breitem dunklen Innensaum
2	Adern fein, schwarz und deutlich
3	2 große, dunkle Flecke im Vorderflügel

3er-Check

Merkmale: Ein auf wenige Meter Entfernung noch dunkel wirkender, langsam fliegender Falter mit durchscheinenden Flügeln. Aus der Nähe betrachtet Grundfärbung gelblichweiß, grau getönt. Das Spitzendrittel der Vorderflügel breit verdunkelt; die beiden großen schwarzen Flecke heben sich deutlich aus dem helleren, gelblicheren Mittelfeld der Vorderflügel ab. Der Körper ist schwarz und wirkt behaart. Diese Schwarzfärbung reicht weit in die Hinterflügel hinein, sodass der Körper darin regelrecht eingebettet liegt.

Vorkommen: Lokal im Gebirge in Südbayern, Österreich und der Schweiz sowie in höheren Lagen der südosteuropäischen Gebirge. Vorzugsweise in Höhenlagen zwischen 1000 und 1700 m. Auf Lichtungen und an Hanglagen.

Lebensweise: 1 Generation, deren Flugzeit in höheren Lagen später einsetzt und früher endet. Die Falter fliegen an grasigen, von Gebüsch durchsetzten Hängen, in Schluchten oder auf Waldlichtungen. Die Raupen leben an Lerchensporn-Arten und überwintern. Im Flug ähneln die Falter den anderen Apollo-Arten, aber es fehlen ihnen die roten Flecken.

J	F	M	A	M	J	J	A	S	O	N	D

Hochalpen-Apollo *Parnassius phoebus* RL 2, §

3er-Check

1	2 rote Flecke im Hinterflügel (hier Männchen)
2	Flügel pfefferartig bestäubt, insbesondere Weibchen (Foto)
3	Roter Fleck am Vorderrand des Vorderflügels

Merkmale: Großer, gelblichweißer (Männchen) oder grauweißer (Weibchen) Falter mit auffälligen, schwarz umrandeten roten Flecken auf den Hinterflügeln sowie am Ansatz der Hinterflügel (Männchen, Unterseite). Der schwarz umrandete rote Fleck direkt an der Vorderkante des Vorderflügels ist meist nur aus der Nähe sichtbar, und beim Weibchen verlaufen schattenartig dunkle Bogenbänder. Die Hinterflügel sind bei beiden Geschlechtern am Körper breit dunkelgrau bis schwärzlich gesäumt. Der Körper trägt pelzartige Schuppen. Fühlerschaft grau-weiß geringelt.

Vorkommen: Alpenbogen von Frankreich bis zur Steiermark in Höhen von 1600 bis über 2500 m; meist um 2000 m in feuchten Karen, Schluchten oder Hochtälern mit Wildflussufern.

Lebensweise: Hochgebirgsart, die sich eng an die Vorkommen ihrer Raupenfutterpflanze, den Bach- oder Fetthennen-Steinbrech *(Saxifraga aizoides)*, hält. Die Weibchen legen die Eier nahe der Futterpflanze auf Moos oder einfach auf den Boden ab. Die Raupen überwintern. Die Falter fliegen in 1 Generation mit je nach Höhenlage unterschiedlichen Flugzeiten. Sie bilden verschiedene Lokalrassen aus, die sich im Flügelmuster unterscheiden.

J	F	M	A	M	J	J	A	S	O	N	D

RL 1, § *Parnassius apollo* **Apollo**

1 Groß; Flügel schmutzigweiß, durchscheinend

2 Vorderflügel mit 4 großen schwarzen Flecken

3 Im Hinterflügel 2 auffällige, schwarz gerandete rote Flecken

3er-Check

Merkmale: Die spärliche Beschuppung lässt die Flügel pergamentartig durchscheinen und »abgeflogen« aussehen. Die kräftige schwarze Fleckung auf weißlichem Untergrund, die gerundeten Flügel und die langsame, zitternde Flugweise häufig nahe der Bodenoberfläche fallen auf. Beim genauen hinsehen lassen sich auch die meist weiß gekernten, großen roten Flecken auf den Hinterflügeln sowie die schmalen dunklen »Schatten«binden über die Flügel erkennen. Es treten zahlreiche Unterarten mit örtlich eng begrenzten Vorkommen auf, die sich im Zeichnungsmuster unterscheiden. Fühlerschäfte dunkelgrau geringelt.

Vorkommen: In Mitteleuropa nur im Gebirge, in Südeuropa in Bergland unterschiedlicher Natur. Meist in Höhen zwischen 1000 bis 2000 m, stellenweise höher oder niedriger.

Lebensweise: Fliegt über blütenreichen Bergwiesen, in Talkesseln oder in hoch gelegenen Flusstälern in 1 Generation, je nach Höhenlage zu unterschiedlichen Zeiten. Die Vorkommen werden weitgehend vom Vorhandensein des Weißen Mauerpfeffers *(Sedum album)* bestimmt, an dem die Raupen (s. S. 208) leben. Sie fressen nur bei ausreichender Sonneneinstrahlung und überwintern.

J	F	M	A	M	J	J	A	S	O	N	D

Resedaweißling *Pontia daplidice*

2 1

1 Flügeloberseite grob schwarz-fleckig am Rand

2 Flügelunterseite zart grün marmoriert

3 Schwarzer, grün gekernter Fleck am Vorderrand der Unterseite

3er-Check

3

Merkmale: Mittelgroßer, schwarzfleckiger Weißling mit auffallend grüner Zeichnung auf der Unterseite der Hinterflügel; die Vorderflügel sind in Ruhehaltung gerade so weit von den Hinterflügeln bedeckt, dass der kräftige, grün gekernte schwarze, fast quadratische Fleck sichtbar bleibt. An der Spitze der Vorderflügel ist das oberseits schwarze Zeichnungsmuster unterseits moosgrün angelegt. Die Weibchen tragen mehr Schwarz im Flügel als die Männchen. Inmitten der grünen »Zellen« auf der Unterseite der Hinterflügel sitzt bei Faltern Mitteleuropas ein großer runder weißer Fleck (= östliche Form, neuerdings als *Pontia edusa* abgetrennt von ihrem westeuropäischen Zwilling *Pontia daplidice).*

Vorkommen: Von Südostfrankreich über Mitteleuropa ostwärts; die Zwillingsart lebt westlich davon. Beide Formen besiedeln Kulturland in warmen Lagen, Steinbrüche und ungepflegte Straßenränder.

Lebensweise: Mehrer Generationen, je nach klimatischen Verhältnissen und Entwicklung der Witterung. Die Falter fliegen bei warmem Wetter an sonnenbeschienenen Stellen, können aber auf ihren Wanderflügen plötzlich auch in »unpassendem Gelände« auftreten. Futterpflanzen der Raupen (s. S. 209) sind *Reseda*-Arten.

J	F	M	A	M	J	J	A	S	O	N	D

§   *Melanargia galathea* **Schachbrett**

1   **2**

3

1 Schwarz-(gelblich)weißes Flecken-muster auf der Flügeloberseite

2 Unterseite grau (Männchen) bis gelbgrau (Weibchen), gefleckt

3 Doppelringe vor dem Rand der Hinterflügel-Unterseite

3er-Check

Merkmale: Unverkennbar durch das auffällige, namensgebende »Schachbrettmuster«, das Vorder- wie Hinterflügel auf der Oberseite tragen. Im langsamen, zittrigen Flug dicht über den Gräsern und Kräutern ist dieses Muster stets gut zu sehen. Die in Ruhestellung geschlossenen Flügel zeigen mit ihren paarig angelegten Augenringen, dass die Art nicht zu den Weißlingen, sondern eigentlich zu den Augenfaltern gehört. Die Männchen sind deutlich kontrastreicher gefärbt als die Weibchen.

Vorkommen: Sonnige, trockene Wiesen, Triften oder Hänge, Waldränder und Lichtungen mit Ausnahme des norddeutschen Küstenlandes. Hauptsächlich in mittleren Höhenlagen, in den Mittelgebirgen und an den Alpen, aber auch an Dämmen.

Lebensweise: Die Falter fliegen (in höheren Lagen später) bei sonnig-warmer Witterung, meist niedrig und langsam. Sie saugen gern Nektar von Skabiosen und Flockenblumen; die Weibchen lassen ihre Eier aus dem gaukelnden Flug heraus fallen. Die Raupen (s. S. 211) leben an verschiedenen Gräsern dieser trocken-warmen Standorte. Vielerorts ist das Schachbrett selten geworden, obwohl es vor wenigen Jahrzehnten noch recht häufig vorkam.

J	F	M	A	M	J	J	A	S	O	N	D

Aurorafalter *Anthocharis cardamines* §

1 Große orangerote Flügelspitzen beim Männchen

2 Hinterflügel unterseits zackig grün marmoriert

3 Weibchen ohne Orange im Vorderflügel, Flügelspitzen schwarz

3er-Check

Merkmale: Die in geringer Höhe über dem Boden fliegenden Männchen sind sehr auffällig und unverkennbar. Weibchen haben anstelle des Orangerots einen schmaleren dunklen Halbmond in der Flügelspitze. Beide kennzeichnet ein um die Adern besonders stark ausgebildetes, zart grünliches Zackenmuster auf der Unterseite der Hinterflügel, das auf den Spitzenteil der Vorderflügel übergreift. Inmitten der Oberseite des Vorderflügels liegt ein länglicher schwarzer, im Innern grün gekernter Fleck nahe dem Vorderrand. Flug langsam. Beim Ruhen werden die schwarzen Spitzen der Vorderflügel deutlich. Falter kleiner als die üblichen Kohlweißlinge (wichtig, um Weibchen zu erkennen).

Vorkommen: Wiesengründe, feuchtere Parkanlagen, Ränder von Auwäldern; weit verbreitet, aber meistens nicht häufig.

Lebensweise: Fliegt an sonnigen Frühlingstagen, wobei die Männchen oft bestimmte Strecken einhalten. Gern über Waldpfaden oder entlang von Gebüschrändern. Raupenfutterpflanze ist hauptsächlich das zu dieser Zeit auch blühende Wiesenschaumkraut (Raupe s. S. 210). Die Puppen sehen wie eine Samenhülse davon aus. Sie überwintern.

J	F	M	A	M	J	J	A	S	O	N	D

Gonepteryx rhamni **Zitronenfalter**

1 Zitronengelb (Männchen), blass-gelb (Weibchen, s. Bild 2)

2 Flügel mit deutlich ausgezogenen Spitzen

3 Rötliche Mittelpunkte in den Flügeln

3er-Check

Merkmale: Männchen helles, »leuchtendes« Zitronengelb und im Flug wie beim Blütenbesuch auffällig. Weibchen viel blasser; kann mit einem großen Kohlweißling verwechselt werden. Aber ein genauer Blick auf die Flügelunterseite zeigt sofort den Unterschied: Auch beim Zitronenfalter-Weibchen tragen die Flügel, wie beim Männchen, einen roten »Kern«! Von den Kohlweißlingen unterscheidet zudem der Schnitt der Flügel mit den deutlichen Spitzen. Unterseite der Hinterflügel mit grünlichem Schimmer.

Vorkommen: Auwälder, Gärten, Parkanlagen sowie lichte Laubwälder, vornehmlich wo es Faulbaum-Büsche gibt.

Lebensweise: Die im Hochsommer bis Spätsommer geschlüpften Falter verhalten sich wenig auffällig, ruhen viel in einer Art Sommerschlaf und suchen bei feucht-warmem Wetter nektarreiche Blüten auf. Im Spätherbst fallen sie in die Winterstarre, die sie frei im Gebüsch oder in der Laubstreu am Waldboden, Schnee und Frost ausgesetzt, zubringen. Im Frühling werden sie munter, fliegen umher und paaren sich. Als seltene Ausnahme unter den europäischen Tagfaltern währt das Falterleben des Zitronenfalters daher etwa 10 Monate (Raupe s. S. 209).

J	F	M	A	M	J	J	A	S	O	N	D

Goldene Acht *Colias hyale* §

2 **1**

1 Hinterflügel-Unterseite mit weißer 8

2 Gittermuster in der schwarzen Flügelspitze (hier Weibchen)

3 Grundfarbe bei Männchen satt-gelb, bei Weibchen blassgelb

3er-Check

3

Merkmale: Die weiße 8 auf der Unterseite der Hinterflügel ist fein schwarz und gelbrot gerandet. Der untere Teil fällt erheblich größer als der obere aus. Den ausgedehnten schwarzen Spitzenteil des Vorderflügels gliedert ein gelbliches Gittermuster, das von den schwärzlichen Adern gebildet wird. Ein kräftiger, länglicher schwarzer Fleck liegt in der Mitte der Vorderflügel. Die sattgelben Männchen fallen sehr viel stärker auf als die blasseren Weibchen. Im Flug ist die Goldene Acht schnell und wirkt unruhig.

Vorkommen: Blütenreiche Wiesen und anderes offenes Gelände; jedoch in der Regel nicht vorhanden, wenn der Boden sauer ist. Häufig auch auf Luzernefeldern und in Parkanlagen.

Lebensweise: Die Falter, vor allem die Männchen, fliegen viel umher, insbesondere bei warmer, sonniger Witterung. Ihre erratische Flugweise lässt sie trotz ihrer Auffälligkeit für Vögel zu einer schwierigen Beute werden. In warmen Jahren und Gegenden entwickeln sich 3 Generationen, sonst meist nur 2.

J	F	M	A	M	J	J	A	S	O	N	D

§   *Colias crocea* **Postillion**

1 Volle schwarze Flügelspitze und Flügelränder beim Männchen

2 Schwarze Flügelränder beim Weibchen mit gelben Flecken

3 Die 8 auf der Flügelunterseite groß und »bauchig«

3er-Check

Merkmale: Sattes Dottergelb mit vollständig schwarzer Spitze der Vorderflügel beim Männchen und von wenigen kleinen gelben Flecken reihenartig durchsetzter Spitze beim Weibchen kennzeichnen die Flügeloberseite. Die Unterseite ist kräftig gelb, aber mit grünlicher Tönung beim Männchen und einer sehr großen, silbrigweißen 8 beim Weibchen. Flugweise schnell und ausdauernd, vor allem, wenn die Falter wandern.

Vorkommen: Warmes, offenes Gelände unterschiedlichster Art, sofern es reich ist an Nektar liefernden Blüten. Häufig über blühenden Luzerne- und Kleefeldern zu beobachten, wo sich die Falter in großer Zahl ansammeln können. Ausgeprägter Wanderfalter, der nördlich der Alpen aus dem Mittelmeerraum jährlich in unterschiedlicher Häufigkeit einfliegt und im Spätsommer oder Herbst zurückwandert.

Lebensweise: In guten Einflugjahren mehrere, ineinander verschachtelte Generationen. Die Raupen (s. S. 210) leben an verschiedenen Arten von Schmetterlingsblütlern, insbesondere an Luzerne- und Klee-Arten, aber auch an zahlreichen anderen Arten dieser großen Pflanzenfamilie.

| J | F | M | A | M | J | J | A | S | O | N | D |

Hochmoorgelbling *Colias palaeno* RL 2, §

1 Grundfarbe hellgelb (Männchen zitronengelb)

2 Breiter schwarzer Flügelrand ohne Gittermuster

3 Unterseite mit weißem Mittelpunkt im Hinterflügel

3er-Check

Merkmale: Langsam fliegend oder mit geöffneten Flügeln auf einer Blüte sitzend wird die klare, scharf abgegrenzte Schwarz-Gelb(bis Weißgelb)-Zeichnung deutlich. Hochgeklappte Flügel zeigen auf der Unterseite den beim Männchen fein schwarz gerandeten, weißen Fleck im pfefferartig bestäubten Umfeld. Beim Weibchen trägt er ein »Reiterlein« aus einem kleineren, unscharfen Fleckchen. Beide Flügel wirken rötlich gerandet und auf den Kopf folgt ein rötlicher »Halskragen«.

Vorkommen: (Hoch-)Moore mit Waldinseln oder -rändern; im Alpenraum und im östlichen Mitteleuropa bis Skandinavien im Bereich der Mittelgebirge.

Lebensweise: Unter den »Gelblingen« ein »Hochmoorspezialist«, dessen Raupen an Heidelbeer- und Rauschbeer-Zwergsträuchern leben. Durch Trockenlegung vieler Moore im Tiefland gefährdet und nur noch an wenigen Stellen vorkommend. Bei südlicheren Vorkommen ist die Flügelfärbung gelblicher, bei nördlichen heller bis fast weiß.

J	F	M	A	M	J	J	A	S	O	N	D

§ *Lasiommata megera* **Mauerfuchs**

1 Braun mit dunklem Gittermuster

2 Großes, weiß gekerntes Auge im Vorderflügel

3 Hinterflügel-Unterseite mit 7 kleinen »Augen«

3er-Check

Merkmale: Das große schwarze, weiß gekernte Auge vor der Spitze der Vorderflügel, die ein Gittermuster erzeugenden Wellenlinien auf der Flügeloberseite und die 3 (Männchen) oder 4 (Weibchen) kleineren Augenflecke vor dem Rand der Hinterflügel sind auffällig und kennzeichnend, wenn die Flügel ausgebreitet werden. Hochgeklappt in Ruhehaltung zeigt die Unterseite der Hinterflügel ein grau marmoriertes Muster mit 7 schwarz gekernten, gelbbraunen Augen. Oft ist dann auch das Auge in der Spitze des Vorderflügels sichtbar.

Vorkommen: Altes Gemäuer in sonniger Lage, Steinbrüche, Felswände in tieferen Lagen und Lösswände mit wenig Bewuchs. Weit verbreitet in Europa, aber den Lebensansprüchen gemäß lokal vorkommend.

Lebensweise: Die Falter halten sich gern an warmen Wänden auf, in deren Ritzen sich auch die Nacht verbringen. Sie fliegen plötzlich auf und »verschwinden« wieder – gut getarnt durch Färbung und Zeichnung der Flügel. An manchen Stellen sammeln sie sich an Hügelkuppen zu einer »Gipfelbalz«, wo sie in auffälliger Weise herumfliegen. 2–3 Generationen.

J	F	M	A	M	J	J	A	S	O	N	D

Wachtelweizen-Scheckenfalter *Melitaea athalia* §

3er-Check

1 Dichtes schwarzes Gittermuster auf der Oberseite

2 Hinterflügel-Unterseite mit Fleckenbogen

3 Tiefe Bögen vom Rand in die braune Binde

Merkmale: Flügeloberseite wirkt schwärzlich mit vielen mittelbraunen, rundlichen bis quadratischen Flecken, die in Reihen über die Flügel verlaufen. Die Flügelränder tragen hellgelb-schwarze Scheckensäume. Auf der Flügelunterseite sind die weißlichen, gelben und blassbraunen Flecken in kennzeichnender Weise bogenförmig angeordnet und vom Flügelrand reichen tiefe Bögen in die braune Binde. An dieser Zeichnung der Hinterflügel-Unterseite lässt sich die Art von ähnlichen, nahe Verwandten unterscheiden. Intensität und Feinausführung von Färbung und Zeichnung variieren jedoch.

Vorkommen: Wiesen und Heideflächen, offene Moorwiesen, Lichtungen und Waldränder mit blütenreichen Zonen in sonniger Lage; vom Tiefland bis in mittlere Höhen.

Lebensweise: Die Falter fliegen langsam auf der Suche nach Nektar umher. Sie halten sich nahe an der Vegetation und legen meist keine größeren Entfernungen zurück. Da sie nicht besonders auffallen, wirken sie rarer als sie sind. Aber ihre Bestände gehen in der Tat vielerorts anhaltend zurück. 1–2 Generation (Raupe s. S. 214).

| J | F | M | A | M | J | J | A | S | O | N | D |

RL 3, § *Melitaea didyma* # Roter Scheckenfalter

1 Rotbraun mit verstreuten Flecken

2 Querbänderung auf der Unterseite

3 Querbänderung enthält schwarze Punkte und Striche

3er-Check

Merkmale: Das ausgeprägte, in der Sonne kräftige Rotbraun der Flügeloberseite, die nur verstreute schwarze Flecken trägt, fällt schon in einiger Entfernung auf. Zur sicheren Unterscheidung von anderen Arten dieser »schwierigen« Gruppe der Scheckenfalter muss die genaue Zeichnung der Unterseite der Hinterflügel überprüft werden: Beim Roten Scheckenfalter bilden rötlichbraune, scharf abgesetzte Flecken ein auffälliges Band. In den hell ockerfarbenen Bereichen finden sich schwarze Punkte und Bogenstriche in kennzeichnender Anordnung. Die Spitze des Vorderflügels ist unterseitig hell gelbbraun, der Saum der Flügel schwarz-weiß.

Vorkommen: Blütenreiche Wiesen, Lichtungen, Raine oder lichte Parkanlagen, sofern die Vegetation nicht zu dicht geschlossen aufgewachsen ist. In Mitteleuropa weit verbreitet, aber meist nicht besonders häufig (Raupe s. S. 214).

Lebensweise: Die Falter fliegen in 2–3 Generationen. Wo Tauben-Skabiosen und Wiesen-Flockenblumen reichlich vorkommen, sammeln sich die Falter und vermitteln den Eindruck größerer Häufigkeit. Aber das ist nur lokal der Fall. Es gibt auch zahlreiche örtliche Vorkommen mit Unterschieden in der Zeichnung.

| J | F | M | A | M | J | J | A | S | O | N | D |

Braunfleckiger Perlmutterfalter *Boloria selene* §

2 1

1 Schwarze Zeichnung auf rotbrauner Oberseite (hier Weibchen)

2 Unregelmäßige Zeichnung der Vorderflügel auf der Unterseite

3 Reihe großer schwarzer Punkte im Randbereich der Unterseite

3er-Check

Merkmale: Auf der Flügeloberseite bestimmt das helle Braun den Farbeindruck. Im Außenbereich verlaufen zwei Reihen keilförmiger Flecken und schwarzer Punkte, während die schwarze Zeichnung im Innenteil »ungeordnet« aussieht. Auf der Flügelunterseite tritt diese »verschobene« Zeichnung noch deutlicher hervor. Sie enthält im körpernahen Teil des Vorderflügels eine Nierenform. Weibchen tragen am Flügelrand hellgelbe, dunkel umrandete Punkte. Bei den rötlicheren Männchen sind diese nur schwach angedeutet. Wie bei den meisten Arten dieser Gruppe entscheiden Feinheiten der Flügelzeichnung über die genaue Artbestimmung.

Vorkommen: Feuchte Wiesen in Flussniederungen oder in Wäldern, Flachmoore und anderes offenes Gelände mit feuchtem Untergrund; daher vornehmlich in den Tallagen verbreitet, aber nicht in größerer Häufigkeit anzutreffen.

Lebensweise: Die Männchen fliegen recht aktiv umher und fallen dadurch viel mehr auf als die trägeren Weibchen, die vielfach an Blüten »ruhen«. Zur Eiablage suchen sie magere Standorte auf. Pro Jahr 2 Generationen. Die Art nimmt an Häufigkeit ab oder verschwindet, wo die Feuchtwiesen entwässert und gedüngt werden.

| J | F | M | A | M | J | J | A | S | O | N | D |

§   *Issoria lathonia*   **Kleiner Perlmutterfalter**

1   **2**

3

1 Oberseite braun mit vielen rundlichen Flecken

2 Große »Silberflecke« auf den Hinterflügeln

3 »Geknickte« braune Querbinde mit kleinen Flecken

3er-Check

Merkmale: Die braune Flügeloberseite trägt viele, meist rundliche schwarze Flecken, die sich zum Vorderrand hin in einer Reihe ordnen. Kennzeichnend sind aber Form und Größe der Silberflecke auf der Unterseite der Hinterflügel. Sie sind im Innenteil sehr groß ausgebildet und sehen am unteren Teil des Hinterflügel-Randes wie abgeschnitten aus. Zwischen den großen Silberflecken verläuft ein dunkelbraunes Band, das in der Mitte »geknickt« wirkt. Es enthält kleine dunkle, weiß gekernte Flecken, von denen 2 auch noch auf der Unterseite der Vorderflügel-Spitze die Reihe fortsetzen. Dort randlich auch noch 2 größere Silberflecke.

Vorkommen: Mageres, offenes Gelände in sonnig-trockener Lage; Heidegebiete oder Randzonen von Sandabbauflächen mit Buschwerk und Hochwasserschutzdämme.

Lebensweise: Wanderfalter, der aus Südeuropa in 2 (3) Generationen im Frühling oder Frühsommer einfliegt, scheu ist und ziemlich schnell fliegen kann. Bevorzugt saugen die Falter an Distelblüten. Stellenweise können die Zuzügler auch als Falter oder in Form von Puppen der Sommergeneration überwintern. Die Häufigkeit schwankt jahrweise stark.

J	F	M	A	M	J	J	A	S	O	N	D

Großer Perlmutterfalter *Argynnis aglaja* §

1 Flügeloberseite mit Bändern, Monden, Punkten

2 Unterseite mit mittelgroßen Silberflecken

3 Großteils moosgrüne Unterseite

3er-Check

Merkmale: Der schwärzliche Flügelsaum umgrenzt die kräftig röt-lichbraune Färbung der Flügeloberseite, in der vom Rand nach innen schwarze Mondflecke, runde Punkte und verschobene Bogenlinien aufeinander folgen. Die Silberflecken der Unterseite der Hinterflügel sind teilweise fein schwarz gerandet und scheinen »verstreut« angelegt zu sein. Moosgrüne Flächen oder Flecken umgeben sie. Der Körper des Falters ist hell sandbraun unterseitig, aber dunkelbraun oberseits und von langen borstenartigen Haaren bedeckt.

Vorkommen: Ränder von Waldwiesen, Lichtungen in Auen sowie lichte Wälder im Bereich der Mittelgebirge und in den Alpen, wo die Art bis zur Baumgrenze vornehmlich an südwärts ausgerichte-ten Hängen vorkommen kann. Fast ganz Europa.

Lebensweise: Von den Niederungen bis in Höhen über 2000 m kommen die beim Blütenbesuch recht auffälligen, nicht besonders schnell fliegenden Falter vor, die sich nach Durchzug von kleinen Wolken häufig sonnen. Sie brauchen ein reiches Vorkommen von Blüten, an denen sie Nektar aufnehmen können. Die Raupen (s. S. 215) fressen an Veilchen und Wiesen-Knöterich.

| J | F | M | A | M | J | J | A | S | O | N | D |

§   *Argynnis paphia* **Kaisermantel**

1

2

1 Groß, Vorderflügel zugespitzt (hier Weibchen)

2 »Enterhaken«-Flecken beim Männchen

3 Grünliche Hinterflügel-Unterseite mit Silberstreifen

3er-Check

3

Merkmale: Großer, oft »zittriger« Falter mit hellem Braun als Grundfarbe und zahlreichen schwarzen Flecken auf der Flügeloberseite. Bei den kräftiger gefärbten Männchen sind entlang der Hauptadern enterhakenartige Flecken ausgebildet. Sie enthalten Duftschuppen, die für die Paarung von Bedeutung sind. Unverkennbar ist die Art durch die moosgrüne Färbung der Unterseite der Hinterflügel, über die 2 kürzere und 1 langer Silberstreif verlaufen. Auf diesen bezieht sich auch der andere Name »Silberstrich« für den Kaisermantel. Im Vergleich zum Großen Perlmutterfalter ist auch die ausgezogene Flügelspitze kennzeichnend, die dem größten Vertreter dieser Gruppe einen unverwechselbaren Flügelschnitt und eine »elegante« Flugweise verleiht.

Vorkommen: Sonnige Waldränder und -lichtungen mit reichem Blütenangebot, zum Beispiel Dost und Disteln; auch Auwaldränder und naturnahe Parkanklagen.

Lebensweise: Auffällig in der Flugweise und beim Blütenbesuch; oft »schwebend« von Blüte zu Blüte. Bei der Balz lösen die Duftschuppen des Männchens die Paarungsbereitschaft des Weibchens aus. Mitunter Ansammlungen mehrerer Falter (Raupe s. S. 215).

| J | F | M | A | M | J | J | A | S | O | N | D |

C-Falter *Polygonia c-album* §

2 **1**

1 Braun mit zahlreichen schwarzen Flecken

2 Flügel sehr zackig

3 Weißes »C« im Hinterflügel

3er-Check

3

Merkmale: Durch seinen zackigen Flügelrand unverkennbarer Falter, der oft mit zusammengeklappten Flügeln ruht und dann mit der rindenfarbenen Unterseite auf Baumrinde bestens getarnt ist. Die geschlossene Seite des weißen »C« weist dann zur Unterlage hin. Die Oberseite ähnelt dann etwas dem Kleinen oder Großen Fuchs, aber sie hat keine blauen Zeichnungselemente, sondern lediglich gelbe, unscharfe und schwarze, deutlich abgesetzte Flecken auf mittelbraunem Grund. Die zackigen, aber gerundeten Flügelränder tragen eine feine »goldene« Beschuppung. Die Falter der Herbstgeneration überwintern und fliegen im Frühjahr wieder. Sie sind unterseits dunkler und tragen grünliche Beimischungen.

Vorkommen: Gärten, Parks, lichte Wälder oder Waldränder. Weit verbreitet und fast überall regelmäßig bis mäßig häufig.

Lebensweise: Die Falter ähneln im Flug den beiden Fuchs-Arten, fliegen aber langsamer. 2 Generationen: Die eine besucht im Frühjahr, nach der Überwinterung, gern blühende Weidenkätzchen. Die Sommergeneration besucht nektarreiche Blüten; nicht selten zusammen mit Kleinen Füchsen. Überwinterung der Falter in Rindenspalten oder Schuppen (Raupe s. S. 214).

J	F	M	A	M	J	J	A	S	O	N	D

Araschnia levana **Landkärtchen**

1

2

3

1 Schwarzfleckig braun
(Frühjahrsform)

2 Schwarz mit breiter weißer Binde
(Sommerform)

3 Unterseite mit Linien-Netzwerk
(Name!)

3er-Check

Merkmale: Erscheint in zwei jahreszeitlich verschiedenen Kleidern! Die Frühjahrsgeneration ist oberseits rotbraun mit zum Körper hin verdichteten, schwarzen Flecken und einigen weißen in der Flügelspitze. Den Saum der Hinterflügel entlang treten schmale blaue Halbmonde hervor. Die Sommergeneration hat eine fast schwarze Oberseite mit einem breiten, durch die Adern unterbrochenen, gelblichweißen Band quer über beide Flügel. Kennzeichnend in jeder Generation sind aber die hellen Linien auf braunem bis violettem Untergrund auf der Flügelunterseite. Sie werden gut sichtbar, wenn die Falter die Flügel hochklappen. Besonders in der Sommergeneration treten ausgedehnte lilafarbene bis violette Felder randnah auf der Unterseite beider Flügel auf.

Vorkommen: Wald- und Gebüschränder oder größere Gärten und Parks mit Beständen von Brennnesseln, den Futterpflanzen der Raupen (s. S. 214). Vom Tiefland bis in mittlere Höhen im Gebirge.

Lebensweise: Das Landkärtchen gilt als Musterbeispiel für die von der Jahreszeit abhängige Zweigestaltigkeit (»Saison-Dimorphismus«). Die unterschiedliche Tageslänge, die auf Raupen und Puppen einwirkt, legt fest: helle Frühjahrs- und dunkle Sommerfalter!

J	F	M	A	M	J	J	A	S	O	N	D

Waldbrettspiel *Pararge aegeria*

1 Braunscheckige Flügeloberseite (hier Weibchen)

2 Augenfleck im Vorderflügel im hellen Feld (Ober- und Unterseite)

3 Männchen weniger gefleckt und dunkler

3er-Check

Merkmale: Dunkelbraun, mit cremefarbenen (im Norden) bis röt-lichgelben oder orangebraunen (in südlicheren Verbreitungsge-bieten) Flecken auf der Flügeloberseite. Die Unterseite hingegen dunkel marmoriert. Ein schwarzer, weiß gekernter Augenfleck sitzt im ersten hellen Feld am Flügelrand nahe der Spitze, während 3 weitere eine Reihe in der Binde auf dem Hinterflügel bilden. Diese sind ansonsten bis auf einen keilförmigen hellen Fleck (dun-kel)braun und ungezeichnet. Bei der südlicheren Form (Unterart) verschwindet die helle Hinterflügelbinde fast ganz, aber die Augenflecke bleiben gut erkennbar. Mittlere Größe.

Vorkommen: Waldränder, lichte Wälder, große Parks.

Lebensweise: Schatten liebende Art, die rasch »im Dunkel« ver-schwindet mit ihrem raschen, gaukelnden Flug, aber auch sonnige Flecken zum Wärme tanken aufsucht. Die Männchen halten Revie-re ein, aus denen sie andere Männchen derselben Art vertreiben. Beim Sonnen bleiben die Flügel halb geöffnet. Die Falter trinken gern an den Blüten von Dost. Sie sind meistens nicht häufig, aber an den geeigneten Stellen regelmäßig den Sommer über zu beob-achten. 2–3 Generationen pro Jahr (Raupe s. S. 211).

J	F	M	A	M	J	J	A	S	O	N	D

Aphantopus hyperanthus **Brauner Waldvogel**

1

2

3

1 Oberseite fast einfarbig schwärzlich (hier Männchen)

2 Augenflecke beim Weibchen deutlicher, hell umrandet

3 Auffällige Augenflecke auf der Unterseite

3er-Check

Merkmale: Sehr dunkel wirkender Falter mittlerer Größe, der langsam fliegt und häufig an Blüten hängt; oft zu mehreren zusammen. Auf der Flügeloberseite schimmern die Augenflecke der Unterseite nur schwach durch. Die Augenflecke sind beim Weibchen deutlicher als beim Männchen ausgeprägt und doppelt, innen schwarz und außen hell, gerandet. Die unteren Flecken im Hinterflügel sind reihenversetzt zu den oberen dem Rand genähert.

Vorkommen: Häufig an sonnigen, trockenen Stellen wie Dämmen, Waldrändern, Lichtungen mit niedrigem Gebüsch; mitunter auch in alten Parkanlagen oder größeren Gärten mit trocken-warmen Randbereichen.

Lebensweise: Gesellig auftretender Falter, der durch seine geringe Scheu und den langsamen, torkelnden Flug auffällt. Ansammlungen sind insbesondere im Hochsommer an Baldrian oder Thymian-Blüten zu finden. Landet ein Falter, klappt er sofort die Flügel zusammen und hängt dann von oben betrachtet wie ein Strich an der Blüte. Größte Flugaktivität bei Wärme und Sonnenschein am späten Vormittag. Fliegt in 1 Generation.

| J | F | M | A | M | J | J | A | S | O | N | D |

Weißbindiger Mohrenfalter *Erebia ligea* §

1 Dunkle Oberseite

2 Rostbraune Binde mit kleinen Augenflecken

3 Gebuchtete weiße Binde unterseits im Hinterflügel

3er-Check

Merkmale: Die dunkelbraune bis schwarzbraune Oberseite trägt auf beiden Flügeln ein helleres, rotbraunes Band mit kleinen, weiß gekernten Augenflecken. Kennzeichnend ist aber die weiße Binde auf der Unterseite der Hinterflügel, die etwa in der Mitte des oberen Randes breit beginnt und vor Erreichen des unteren Randes neben dem unteren großen Augenfleck verlöscht. Dieses Band wird durch große dunkle Bögen in der Flügelmitte (Adern) eingeschnürt. Davor, zum Außenrand hin, heben sich durch eine hellbraune, schmale Umrandung 3 große Augenflecke mit weißem Kern und 1 kleinerer deutlich ab. Darüber, im Vorderflügel, ein doppelter Augenfleck, den ein rostbraunes Feld umgibt.

Vorkommen: Waldlichtungen und Waldränder oder große, lichte, alte Parkanlagen. Stellenweise häufig, meist aber selten und vornehmlich im südlichen Mitteleuropa verbreitet.

Lebensweise: Die Falter fliegen langsam über durchlichteten, offenen Stellen, wo die Weibchen unauffällig nach Ablageplätzen für die Eier suchen. Ein Entwicklungszyklus dauert bis zu 2 Jahre. Die im Ei fertig entwickelten Räupchen schlüpfen erst nach der Überwinterung im nächsten Frühjahr (Raupe s. S. 210).

J	F	M	A	M	J	J	A	S	O	N	D

§ *Erebia medusa* # Rundaugen-Mohrenfalter

3er-Check

1 Flügel beidseitig dunkelbraun

2 Augenflecke am Rand einzeln, rotbraun umrandet

3 Zwillings-Augenfleck im rotbraunen Feld der Vorderflügelspitze

Merkmale: Sehr dunkel, fast schwarz wirkender Falter, an dem erst aus der Nähe die braunrot bis orangefarben umrandeten kleinen Augenflecke auffallen. Sie sind glänzend weiß gekernt und auf der Ober- wie Unterseite gleichermaßen ausgebildet. Die Grundfarbe der Flügel trennt alle Augenflecke mit Ausnahme eines Doppelflecks in der Vorderflügelspitze. Die dunkle Farbe der Flügel macht meistens einen abgeflogenen Eindruck. Der Körper der Falter ist ganz schwarz.

Vorkommen: Waldränder, Lichtungen mit Gebüsch in sonnig-trockener Umgebung oder feuchte Wiesen und Bachschluchten sowie Randbereiche von Teichen und Bergwiesen.

Lebensweise: Fliegt in 1 Generation; langsam und niedrig. Einst weit verbreitet und häufig, geht dieser Mohrenfalter nun fast überall stark zurück und viele frühere Vorkommen sind erloschen, obwohl die Art nicht besonders anspruchsvoll zu sein scheint. Hauptursache ist das Schwinden »magerer« Flächen durch Düngung. Der Rundaugen-Mohrenfalter hat mehrere ähnliche Verwandte mit spezielleren Lebensraum-Ansprüchen.

| J | F | M | A | M | J | J | A | S | O | N | D |

Graubindiger Mohrenfalter

Erebia aethiops RL 3, §

1 Oberseits sehr dunkel

2 Kleine Augenflecken in hellerem, rotbraunen Band

3 Breit gebänderte Unterseite der Hinterflügel (hier Weibchen)

3er-Check

Merkmale: Der oberseits wenig auffällige, fast einförmig schwarze Mohrenfalter trägt auf der Unterseite der Hinterflügel eine klare breite Bänderung. Beim Männchen ist das randnahe Band grau, beim Weibchen olivbraun. Die Fortsetzung des äußeren Bandes auf der Unterseite der Vorderflügel enthält kräftige schwarze Augenflecke mit weißem Kern; der erste davon ist wie auch auf der Flügeloberseite als Zwilling ausgebildet. Dem oberseits ähnlichen Rundaugen-Mohrenfalter fehlt das grau/olivgrüne Band auf der Hinterflügel-Unterseite. Beide Arten fliegen zu unterschiedlichen Jahreszeiten: der Graubindige spät im Hoch- und Spätsommer, wenn die Flugzeit des Rundaugen-Mohrenfalters beendet ist.

Vorkommen: Waldränder in sonniger Lage oder Lichtungen im Laubwald; stellenweise auch feuchte Wiesen und alpine Matten bis gegen 2000 m, wo andere ähnliche Mohrenfalterarten vorkommen.

Lebensweise: In den bayerischen Voralpen fliegt der Graubindige Mohrenfalter häufiger als die anderen Mohrenfalterarten im Hochsommer und hält sich auch in langgrasigen Flächen und an Hängen mit lichtem Baumbestand auf. Die Weibchen setzen ihre Eier einzeln an Gräsern ab und die Raupen (s. S. 210) überwintern.

J	F	M	A	M	J	J	A	S	O	N	D

Maniola jurtina **Ochsenauge**

1 Breite rostbraune Flächen auf der Flügeloberseite (Weibchen)

2 Männchen Oberseite dunkelbraun mit kleinem Augenfleck

3 Hinterflügel-Unterseite helles Band mit dunklem Keil

3er-Check

Merkmale: Der große, unscharf begrenzte, aber fein weiß gekernte Augenfleck vor der Flügelspitze der langsam fliegenden Weibchen trug der Art den Namen ein. Beim Männchen ist er viel kleiner ausgebildet. Wegen Verwechslungsmöglichkeiten mit anderen Arten ist auf der Unterseite der Hinterflügel die breite graue Binde zu beachten, in die von innen her ein dunklerer, keilförmiger Zacken hineinreicht. Die Grundfärbung der Flügel schwankt in der Intensität.

Vorkommen: Offenland mit Wiesen, Gebüsch und Baumgruppen, auch Parkanlagen und große Gärten sowie lichte Wälder; in nahezu ganz Mitteleuropa.

Lebensweise: Die Männchen fliegen deutlich früher als die Weibchen im Frühsommer und kontrollieren bestimmte Flugstrecken oder suchen an offenbar für sie günstigen Stellen nach den sich verborgen in der Vegetation aufhaltenden Weibchen. Mit geschlossenen Flügeln fallen die Falter wenig auf. Bei leichter Störung öffnen sie die Flügel und zeigen die »Ochsenaugen« in der Flügelspitze. 1 Generation (Raupe s. S. 211).

J	F	M	A	M	J	J	A	S	O	N	D

Großer Waldportier   *Hipparchia fagi*

1 Kleine Augenflecken an den Enden der Flügelbinde

2 Breites helles Band auf der Flügeloberseite

3 Zacken bildende schwarze Linie innen auf der Unterseite

3er-Check

Merkmale: Die dunkel-samtige Oberseite durchzieht ein breites gelbliches, auf den Hinterflügeln weißliches Band, das zum Körper hin klar und mit flachen Bögen begrenzt ist. Am oberen Ende im Vorder- und unteren Ende im Hinterflügel liegt ein kleiner Augenfleck in diesem Band. Auf der Flügelunterseite treten die beiden Augenflecke deutlicher hervor; sie ist größtenteils durch eine rindenartige Marmorierung gekennzeichnet, durch die auf dem Hinterflügel eine markante schwarze, sehr scharf gezeichnete Bogenlinie verläuft. In Ruhehaltung bleibt der Vorderflügel weitgehend vom Hinterflügel verdeckt.

Vorkommen: Waldlichtungen und -ränder mit trockenem Grasland in klimatisch warmer Lage, daher nördlich der Alpen nur an wenigen Stellen im Südwesten Deutschlands.

Lebensweise: Die Männchen fliegen hoch, oft entlang der Baumkronen, ihre Reviere ab, die sie gegen Artgenossen verteidigen. Die Patrouillenflüge erfolgen besonders am Vormittag und späteren Nachmittag je nach Wetterlage, während in der Mittagshitze Ruhepausen im Schatten eingelegt werden. Der große, auffällige Falter ist eine Rarität nördlich, aber nicht selten südlich der Alpen.

J	F	M	A	M	J	J	A	S	O	N	D

RL 2, § *Brintesia circe* # Weißer Waldportier

1 Sehr groß, dunkel

2 Breite weiße Binde oberseits

3 Weißes Feld an der schwarzen Bogenlinie

3er-Check

Merkmale: Der Falter fällt durch Größe und seinen mitunter fast bedächtigen »schwebenden« Flug auf. Ruht er mit zusammenge-klappten Flügeln, wirkt die Unterseite zackig weiß und grau mar-moriert gemustert. Zum Rand hin ist das Weiß, welches auf der Oberseite die sehr auffällige Binde erzeugt, unscharf ausgebildet. In der Vorderflügelspitze liegt ein oberseits nur durch einen run-den dunklen Punkt im weißen Feld markiertes Auge, das auf der Flügelunterseite deutlicher augenartig ausgeprägt ist und durch Veränderung der Stellung der Vorderflügel auch entsprechend stärker in Erseinung gebracht werden kann. Die weiße Binde reicht auf den Vorderflügeln bis an die Unterkante des Hinterflügels. Die Weibchen sind noch größer als die Männchen.

Vorkommen: Sehr selten gewordener Falter, der nur noch örtlich in trockenen, lichten Laubwäldern, auf Waldwiesen in sonnig-warmer Lage oder an Dämmen in Flüsse begleitende Auen vorkommt. Südlich der Alpen häufiger.

Lebensweise: Eifriger Besucher blau- oder rotvioletter Blüten und »blutender« Bäume. Zum Rasten fliegen die Falter Bäume oder dürr-rasige Bodenstellen an, wo sie schwer zu sehen sind. 1 Generation.

J	F	M	A	M	J	J	A	S	O	N	D

Rostbinde *Hipparchia semele* RL 3, §

3er-Check

1 Unterseit der Vorderflügel gelbrot, mit 2 Augenflecken

2 Vorderflügel oberseits mit 2 Augen, Hinterflügel mit 1

3 Zackenzeichnung auf der Unterseite des Hinterflügels

Merkmale: Erst aus der Nähe betrachtet wird die namensgebende rostbraune Binde auf den Hinterflügeln deutlich, in deren unterem Ende der kleine schwarze Augenfleck liegt. Die Vorderflügel teilt eine zackige schwarze Querbinde klar in einen inneren und einen äußeren, mit Gelb durchsetzten und die beiden größeren Augen tragenden Teil. Die Unterseite des Hinterflügels ist rindenfarben und fein-unscharf gemustert und trägt so zur Tarnung des Falters in der Ruhehaltung bei. Durch die Mitte der Hinterflügel-Unterseite verläuft ein undeutliches weißes Band. Die Weibchen sind insgesamt dunkler und das Band auf der Flügeloberseite ist bei ihnen fast rein gelb. Die Flügelspitzen wirken ausgeprägt rundlich.

Vorkommen: Warmes, sandig-trockenes Gelände mit offenen Bodenstellen oder (alten) Mauern und dürftigem Bewuchs. In Mitteleuropa weit verbreitet und in wärmeren Gebieten auch häufig.

Lebensweise: 1 Generation im Jahr. Die Falter setzen sich oft direkt in die Sonne. Sie fliegen schnell und wendig. Ihre Balz verläuft eindrucksvoll durch ein schnelles Spiel mit den Flügeln, welches das Männchen vor dem Weibchen ausführt. Vorher fliegt das Männchen das Weibchen wie um anzugreifen an.

J	F	M	A	M	J	J	A	S	O	N	D

RL 2, § *Minois dryas* # Blauäugiger Waldportier

3er-Check

1 Sehr große blaue Augen im Vorderflügel (Weibchen)

2 Augen auch auf der Flügelunterseite deutlich

3 Graue Binde über Hinterflügel-Unterseite

Merkmale: Sehr dunkle, fast schwarzbraune Oberseite mit den beiden besonders auffälligen und kennzeichnenden Augenflecken im Vorderflügel. Sie sind schwarz umrandet, mit blauem Kern, den noch eine Spur silbriges Weiß in seiner Wirkung verstärkt. Bei den Männchen fallen diese Augenflecken deutlich kleiner als bei den Weibchen aus, deren Grundfarbe zudem heller, mitunter bis ins Gelbbraune, ausgebildet ist. Sind die Flügel zusammengeklappt, tritt auf der Hinterflügel-Unterseite eine graue Binde hervor. Oft halten die Falter bei der Nahrungssuche die Flügel halb geöffnet. Sie wirken, insbesondere die Weibchen, recht groß.

Vorkommen: Feuchte, buschige Wiesen und Quellfluren oder sumpfige, lichte Stellen im Wald. In Süddeutschland fliegt die Art auch in lichten (Kiefern-)Wäldern; ihr Vorkommen reicht im Gebirge bis in mittlere Höhenlagen. Selten geworden!

Lebensweise: Mit ihrer langsamen, »hüpfenden« Flugweise fallen die Falter auch dann auf, wenn sie zwischen Bäumen herumfliegen. Sie halten sich deutlich über den Spitzen der Bodenpflanzen und suchen häufig nektarreiche Blüten oder sonnige Stellen zum Aufwärmen auf. Pro Jahr gibt es 1 Generation (Raupe s. S. 211).

J	F	M	A	M	J	J	A	S	O	N	D

Kleiner Heufalter   *Coenonympha pamphilus*   §

2 **1**

1 Schwarzes Auge unterseits auf dem Vorderflügel

2 Hinterflügel-Unterseite grau bis braun (Weibchen) mit »Zacke«

3 Oberseits gelblichbraun; Augenfleck schimmert durch

3er-Check

3

Merkmale: Kleiner, flink und schnell fliegender Falter, der im Flug wenig Kennzeichnendes an Zeichnung erkennen lässt. Setzt er sich und klappt die Flügel weitgehend oder ganz zusammen, sieht man den auffälligen, weiß gekernten schwarzen Augenfleck unter der Spitze des Vorderflügels und im grauen (Männchen) bis dunkel graubraunen (Weibchen) Hinterflügel eine mehr oder weniger deutliche »Zacke«. Der Augenfleck der Unterseite schimmert, wenn der Falter die Flügel ausbreitet, auf die Oberseite durch. Oft fliegen gleich mehrere bis zahlreiche Falter über den Wiesen oder grasigen Flächen, an denen sie vorkommen.

Vorkommen: Weit verbreitet in grasigem, offenem Gelände, auch buschigen Niederungen oder naturbelassenen, wenig durchgepflegten Parkanlagen. Sonnenwarme, trockene bis mäßig feuchte Wiesenflächen werden bevorzugt. Aber auch auf Waldlichtungen und an sonnigen Waldrändern ist der Kleine Heufalter anzutreffen – vielerorts aber mit stark rückläufiger Häufigkeit!

Lebensweise: »Vielflieger« über Gräsern und Blumen, der mitunter kaum Pausen einlegt (anderer Name: Wiesenvögelchen) und jeden einigermaßen ähnlich aussehenden Falter sogleich »anfliegt«.

| J | F | M | A | M | J | J | A | S | O | N | D |

§   *Coenonympha arcania*   **Perlgrasfalter**

1

2

3

1 Hinterflügel-Unterseite mit 3 großen und 2–3 kleinen Augenringen

2 Vorderflügel-Oberseite mit breitem dunklem Rand

3 Keil ragt von der weißen Binde ins graue Feld der Hinterflügel

3er-Check

Merkmale: Oberseits sind die Vorderflügel zweigeteilt mit breitem dunklem Saumbereich und ockerbraunem Innenteil, während die Hinterflügel ganz dunkel sind. Von der Unterseite schimmern darin die großen Augenringe als dunklere Flecken durch. Kennzeichnend ist das Muster von Färbung und Zeichnung auf der Flügelunterseite: Ein Paar großer Augenringe und ein einzelner nahe dem Vorderrand sowie 2–3 kleine Augenringe, doppelt gerandet, liegen am hellen Außenfeld, von dem eine markante Zacke keilförmig ins graue Innenfeld vorspringt. Die Vorderflügel heben sich ockergelb davon ab und erzeugen damit eine »doppelte Dreiteilung«: grau-weiß-ocker und 3 Augenringe.

Vorkommen: Hügelland und Mittelgebirge mit sonnigen, mageren Wiesen und Wald- oder Gebüschrändern, aber auch lichte Wälder und Auen im Tiefland mit lockerem Bewuchs. In Mitteleuropa weit verbreitet, aber nur noch stellenweise häufig.

Lebensweise: Sonne und Wärme liebende Art, die in 1 Generation fliegt. Die Falter sonnen sich gern an Gebüschrändern, insbesondere an Schlehen, wobei sie mit zusammengeklappten Flügeln eine Seite der Sonne zuwenden. Hier übernachten sie auch.

J	F	M	A	M	J	J	A	S	O	N	D
				█	█	█	█				

Brombeerzipfelfalter *Callophrys rubi* §

3er-Check

1 Grüne Flügelunterseite mit gelbem bis rotbraunem Rand

2 Feine weiße Punktreihe im Grün

3 Schwänzchenartige Hinterflügel-spitze

Merkmale: Oberseits unauffällig einfarbig dunkelbrauner, kleiner und ziemlich geschickt in Bodennähe fliegender Falter, der nach der Landung sofort die Flügel zusammenklappt und damit wie ein grünes Blatt aussieht. Insbesondere bei schräg stehender Sonne wendet er eine (grüne) Seite der Sonne zu und verdreht dabei den Körper. Über beide Flügel verläuft unterseits eine in gestreckte Punkte aufgelöste, zarte weiße Binde, während der Flügelrand kräftig rotbraun abgegrenzt ist. Dies verstärkt die Blattwirkung, wenn der Falter niedergegangen ist. Die rundlich ausgezogenen Spitze des Hinterflügels täuscht einen »falschen Kopf« vor, und die Wirkung wird durch leichte, reibende Flügelbewegungen noch verstärkt! Die Beine des meist nicht scheuen Falters sind auffällig weiß und schwarz geringelt.

Vorkommen: Heiden und Hochmoore, lichte (Kiefern-)Wälder und Waldschneisen oder zumindest zeitweilig sonnige Waldpfade.

Lebensweise: Die Falter fliegen zwar schnell, aber meistens nur über kurze Strecken. Männchen haben »feste Routen«, die sie wie ein Revier kontrollieren. An Heidelbeersträuchern »verschwinden« sie, weil sie wie Blätter davon aussehen. 2 Generationen (Raupe s. S. 215).

J	F	M	A	M	J	J	A	S	O	N	D

§ *Neozephyrus quercus* **Blauer Eichenzipfelfalter**

1 Oberseite beim Männchen ganz samtig dunkelblau

2 Weibchen dunkelbraun, nur Innenbereich der Vorderflügel blau

3 Unterseite grau mit scharfer, stumpfwinkeliger Querlinie

3er-Check

Merkmale: Der an tropische Falter erinnernde, schimmernde Blauglanz im Flügel, der bei den Männchen mit Ausnahme eines breiten Randsaumes die ganze Flügeloberseite, beim Weibchen einen breit-keilförmigen Innenbereich im Vorderflügel einnimmt, kennzeichnet diese Art. Charakteristisch ist auch die dunkler graue (Weibchen) oder hellgraue (Männchen) Flügelunterseite mit weißer Querlinie, die nach innen scharf und schmal schwarz begrenzt wird. Sie macht auf dem Hinterflügel 2 flache Bögen und zieht dann vom Rand nach innen. Außerhalb des größeren Bogens liegt ein großes orangefarbenes, schwarz gekerntes Auge. Von dort läuft der Hinterflügel in eine kurze, aber recht deutliche Spitze aus, die mit schwarzer Färbung optisch verstärkt als »falscher Kopf« wirkt.

Vorkommen: Eichenwälder und eichenreiche, größere Parkanlagen.

Lebensweise: Die hoch, am Kronenbereich fliegenden Falter fallen wenig auf. Sie trinken Honigtau der oben sitzenden, Saft saugenden Blattläuse und auf der Suche danach gaukeln sie um die Baumkronen. Zum Boden fliegen sie morgens oder am Spätnachmittag. 1 Generation (Raupe s. S. 215). Die Art wird vielerorts seltener.

J	F	M	A	M	J	J	A	S	O	N	D

Birkenzipfelfalter, Nierenfleck *Thecla betulae* §

2 **1**

1 Hinterflügel doppelt geschwänzt

2 Oberseite beim Männchen dunkel

3 Weibchen tragen breiten, orangebraunen »Nierenfleck«

3er-Check

3

Merkmale: Zipfelfalter heißen Angehörige dieser Faltergruppe wegen ihrer schwänzchenartigen Verlängerungen am unteren Rand der Hinterflügel. Sie bilden bei zusammengeklappten Flügeln einen »falschen Kopf«, und in dieser Haltung sieht man den Birkenzipfelfalter meistens. Durch kleine Bewegungen der Flügel wird diese Vortäuschung verstärkt. Beim Weibchen zeigen die samtdunklen Flügeloberseiten eine bogenförmige, orangefarbenen Zeichnung auf den Vorderflügeln und ebenso gefärbte Zipfelchen. Den Männchen fehlen die »Nierenflecke«. Über die Unterseite der intensiv orangebraunen, teils grünlich getönten Hinterflügel ziehen 2 schmale weiße, einseitig schwarz gerandete Binden, die keilförmig aufeinander zulaufen. Im Vorderflügel liegt unterseits ein länglicher dunkler Fleck.

Vorkommen: Dichte Laubwälder und Parks oder Buschland bis in gut 1000 m Meereshöhe.

Lebensweise: Die Falter »präsentieren« geradezu die Flügelunterseite und »spielen« so mit den Hinterflügeln, dass die Schwänzchen wie tastende Fühler auf und ab bewegt werden. Sie halten sich meist nahe an den Büschen oder Bäumen. 1 Generation.

J	F	M	A	M	J	J	A	S	O	N	D

RL 3, § *Lycaena virgaureae* **Dukatenfalter**

1

2

3

3er-Check

1 Oberseite beim Männchen rein rotgolden glänzend

2 Weibchen mit zahlreichen schwarzen Flecken

3 Unterseite rötlich ockerfarben mit schwarzen und weißen Flecken

Merkmale: Ein schwarzer Randsaum begrenzt den feurigen Rotglanz der Flügeloberseite beim Männchen. An den Hinterflügeln ist eine leichte Ausbuchtung angedeutet, vor der kleine schwarze Punkte am Rand deutlich hervortreten. Bei den trüber rotgelben bis gelben Weibchen durchsetzt eine dunkle Fleckung die Oberseite und vor den Flügelrändern bilden die Flecke deutliche Reihen. Die Flügel sind auch weniger zugespitzt als die der Männchen. Auf der rötlich-ockerfarbenen Unterseite liegen kleine schwarze und eine Reihe weißer Flecke mit schwarzem Kern. Hierin unterscheidet sich der Dukatenfalter vom oberseits sehr ähnlichen <u>Großen Feuerfalter</u> *(Lycaena dispar).*

Vorkommen: Lokal, aber verbreitet auf Waldlichtungen und blütenreichen Wiesen mit feuchtem Untergrund. Die Falter fliegen auch an Wald- und Gebüschrändern sowie über Mooren. Durch Trockenlegung vielerorts selten geworden!

Lebensweise: Beim Blütenbesuch halten die Falter die Flügel meist flachwinkelig geöffnet, wobei sich vor allem bei den Männchen der goldrote Glanz entfaltet. Die Weibchen suchen nach Ampfer-Pflanzen, an denen sie ihre Eier ablegen. Pro Jahr 1 Generation.

| J | F | M | A | M | J | J | A | S | O | N | D |

Kleiner Feuerfalter *Lycaena phlaeas* §

3er-Check

1 Quadratische schwarze Flecken im rotgoldenen Vorderflügel

2 Stumpf w-förmiges Schwänzchen am Hinterflügel

3 Hinterflügel oberseits mit rotbrauner Randbinde

Merkmale: Vorder- und Hinterflügel in auffälligem Kontrast, da die Hinterflügel dunkelbraun gefärbt sind und nur am Rand die orangerote bis rotbraune Binde tragen, die der Grundfarbe der Vorderflügel entspricht. Die schwarze Fleckung ist aus der Nähe gut zu erkennen. Kennzeichnend sind auch die beiden Spitzen am Hinterrand der Hinterflügel, die bei zusammengeklappten Flügeln ein W bilden. Unterseits sind die Hinterflügel hell graubraun gefärbt und sie tragen zahlreiche kleine schwarze Flecken sowie eine orangerötliche Randreihe. Auf den unterseits orangebraunen Vorderflügeln heben sich kräftige, fein gelblich gerandete schwarze Flecken ab. Die Falter wirken klein.

Vorkommen: Weit verbreitet in offenem Gelände; insbesondere auf sonnigen Magerrasen mit reichlich Blüten.

Lebensweise: Gilt als »Pionierart«, die rasch neue Lebensräume besiedelt, wenn diese etwa durch Brachfallen von Flächen entstehen. Wird dort der Pflanzenwuchs zu dicht, verschwindet die Art wieder. Die Männchen verteidigen Reviere und nehmen häufig die Sonnenbade-Haltung mit geöffneten Flügeln ein. 2 Generationen erscheinen nacheinander (Raupe s. S. 216).

J	F	M	A	M	J	J	A	S	O	N	D

RL 3, § *Cupido argiades* # Kurzschwänziger Bläuling

3er-Check

1 Orangefarbener, schwarz gekernter »Doppelpunkt« am Hinterflügel

2 Nadelspitzes, schwarzes Schwänzchen am Hinterflügel

3 Oberseite dunkelblau (Männchen, Foto) bis blauviolett (Weibchen)

Merkmale: Die oberseits einfarbig kräftig dunkelblauen Männchen unterscheiden sich deutlich von den dunkleren Weibchen, deren Flügel nur in den Mittelteilen blauviolett glänzen und breit dunkel gerandet sind. In starkem Kontrast dazu steht die Unterseite mit ihrem sehr hellen, zur Flügelwurzel hin etwas kräftigeren Blassblau, über das sich im Vorderflügel eine schwarze Punktreihe hinzieht, während die Punkte auf der Hinterflügel-Unterseite verteilt sind. Kennzeichnend ist am Rand in der Mitte der Hinterflügel der außen schwarz gekernte, sich kräftig abhebende orangegelbe Doppelfleck. In Höhe des unteren Flecks entspringt am Flügelrand die feine, kurze schwarze Spitze (Name!).

Vorkommen: In Mitteleuropa vor allem im Süden weit verbreitet, aber meistens nicht häufig; auf blütenreichen Stellen an Gebüschen, auf Lichtungen und an Böschungen.

Lebensweise: Die Falter fliegen vornehmlich an recht sonnigen Stellen bodennah. 2 Generationen. Die Männchen der Sommergeneration sind dunkler und weniger auffällig als die der Frühjahrsgeneration. Die Weibchen suchen nach Kronwicken und Kleearten. Die Raupen verzehren »kanibalisch« auch eigene Artgenossen.

| J | F | M | A | M | J | J | A | S | O | N | D |

Geißklee-Bläuling *Plebeius argus* §

3er-Check

1 Muster der schwarzen Punkte der Unterseite kennzeichnend

2 Schwarze Halbmonde und weiße Bögen an orangefarbener Binde

3 Oberseite beim Männchen schimmernd dunkelblau

Merkmale: Wie bei vielen Bläulings-Arten kennzeichnet das Muster der Punkte und Flecken der Flügelunterseite, insbesondere auf den Hinterflügeln, die Art. Beim Geißklee-Bläuling begrenzen nach innen halbmondförmige schwarze Flecken die orangefarben hervortretende Binde auf der Hinterflügel-Unterseite, während nach außen eine Reihe markanter schwarzer Punkte die Begrenzung bildet. Im Innenteil des Flügels sind die schwarzen Flecken und Punkte weiß gerandet. Die Flügeloberseite ist bei den Männchen tiefblau schimmernd, mit breitem dunklem Rand, bei den Weibchen aber samtig dunkelbraun mit kaum erkennbaren rötlichen Randbändern. Entsprechend dunkler wirkt die Flügelunterseite der Weibchen als die der Männchen.

Vorkommen: Trocken- und Magerrasen auf Kalkböden, Triften und Heidegebiete oder sonnige Lichtungen; bis in über 2000 m Höhe.

Lebensweise: Vor allem die Männchen halten locker gruppenweise oder in größerer Anzahl in »Schwärmen« zusammen und fliegen suchend umher. Die dunklen Weibchen fallen weniger auf. Die Falter übernachten kopfwärts gerichtet an Gräsern in so genannten Schlafgesellschaften. Pro Jahr fliegen 1–2 Generationen.

J	F	M	A	M	J	J	A	S	O	N	D
				■	■	■	■	■			

§ *Polyommatus icarus* **Gemeiner Bläuling**

3er-Check

1 Männchen oberseits tief himmelblau

2 Weibchen oberseits dunkel mit orangefarbenen Randflecken

3 Unterseite mit orange-schwarzer Randbinde und schwarzen Flecken

Merkmale: Im Flug zeigen die Männchen ein gleichförmiges, kräftiges Himmelblau, während die Weibchen dunkel bräunlich wirken und aus der Nähe oberseits deutlich orangefarbene, schwarz gekernte Randflecken erkennen lassen. Für die Bestimmung und Abrenzung von den zahlreichen anderen »blauen Bläulingsarten« ist aber das Muster der Flügelunterseite, insbesondere auf den Hinterflügeln, entscheidend. Hier umfassen schmale schwarze Halbmonde, die nach außen weiß gerandet sind, kräftig (Männchen) oder schwächer (Weibchen) hervortretende orangerote bis gelbe Randflecken in einer deutlichen Reihe. Nach innen liegen verteilt kleine schwarze, deutlich weiß umrandete Punkte. Zum Körper hin intensiviert sich ein blauer bis blaugrüner Schimmer auf dem ansonsten bräunlichen bis ockerbraunen Flügel.

Vorkommen: Weit verbreitet auf offenem, sonnigem und blütenreichem Gelände; gewöhnlich die häufigste Bläulingsart.

Lebensweise: Männchen schnell fliegend und tagsüber sehr aktiv. Die Weibchen legen meist an Hornklee ihre Eier ab und nicht, wie der Zweitname Hauhechel-Bläuling andeutet, an Hauhechel. 2–3 ineinander greifende Generationen (Raupe s. S. 216).

J	F	M	A	M	J	J	A	S	O	N	D

Faulbaum-Bläuling *Celastrina argiolus* §

2 **1**

1 Oberseite beim Männchen ganz hell himmelblau

2 Weibchen der Sommergeneration violett mit dunklem Rand

3 Unterseite gleichförmig hellblau; feine schwarze Punkte

3er-Check

3

Merkmale: Die sehr helle, zartblaue Unterseite mit den kleinen, scharf ausgebildeten schwarzen Punkten kennzeichnet diesen früh fliegenden Bläuling. Die Männchen sind oberseits mit nur schmalem schwarzem Rand einförmig himmelblau, während die Weibchen der Frühjahrsgeneration einen breiten, besonders im Vorderflügel ausgeprägten dunklen Rand aufweisen, der in der Sommergeneration noch stärker ausfällt. Bei dieser hat das Blau einen violetten Schimmer. Am Rand des Hinterflügels tragen die Weibchen der Frühjahrsgeneration kleine schwarze Punkte, die in der Sommergeneration kräftig verstärkt in Erscheinung treten (»Saison-Formen«; hier nur beim Weibchen!).

Vorkommen: Auen, lichte Laubwälder, große Gärten und Parks; auch in städtischen Verdichtungsräumen.

Lebensweise: Im Jahr treten nacheinander 2 Generationen auf. Die Männchen fliegen bei Sonne auffällig und oft in Brusthöhe an Gebüschrändern, über Waldwegen oder durch den lichten Wald; in manchen Jahren recht häufig, dann jahrelang wieder seltener. Die Art ist bei der Wahl der Raupenfutterpflanzen recht flexibel.

J	F	M	A	M	J	J	A	S	O	N	D

RL 4, § *Polyommatus bellargus* **Himmelblauer Bläuling**

3er-Check

1 Oberseite beim Männchen himmelblau

2 Weibchen oberseits dunkel mit orangefarbener Randbinde

3 Unterseite mit kräftiger schwarzer, weiß gerandeter Fleckung

Merkmale: Wie bei vielen Bläulingen ist die Unterseite, insbesondere der Hinterflügel kennzeichnend. Auf ockerfarbenem, auf dem Vorderflügel grauem Grund verteilt liegen kräftige schwarze, deutlich weiß gerandete Punkte, die im Vorderflügel eine Bogenreihe bilden. Auch im Hinterflügel zieht sich eine solche Punktereihe hufeisenförmig vor der nicht sehr deutlichen, aus gelborangenen Flecken gebildeten Randbinde hin. Das erzeugt ein klares Muster. Der Rand der Flügel trägt einen schmalen, durch feine schwarze Striche gegliederten Saum aus weißen Fransen bei Männchen wie Weibchen.

Vorkommen: Warme, offene grasige Stellen über kalkhaltigem Untergrund mit lockerem Buschwerk; vornehmlich im Hügelland und im Bereich der Mittelgebirge.

Lebensweise: Die Raupe (s. S. 216) sondert einen zuckerhaltigen »Honigtau« ab, von dem Ameisen naschen. In ameisenreichen Gebieten gibt es daher die Hauptvorkommen dieser Art. Die hellen Männchen fallen eher auf als die dunklen, zahlenmäßig auch meist viel selteneren Weibchen. 2 Generationen, die aufeinander folgen.

J	F	M	A	M	J	J	A	S	O	N	D

Schwarzgefleckter Bläuling
Maculinea arion **RL 2, §**

2 **1**

1 Schimmernd dunkelblaue Oberseite mit breitem dunklem Rand

2 Kräftige Tropfenfleckung auf den Vorderflügeln

3 Unterseite hell; große, weiß gerandete Flecken; kein Orange

3er-Check

3

Merkmale: Düster wirkender Bläuling, bei dem beide Geschlechter recht ähnlich gefärbt und gezeichnet sind. Kennzeichnend sind die kräftigen, länglich-tropfenförmigen schwarzen Flecken im Vorderflügel und die hell ockerfarbene Unterseite ohne orangefarbene Zeichnung. Die dort auf beiden Flügeln ausgebildete, schwarze Fleckenzeichnung ist sehr kräftig. Die inneren Flecken sind alle weiß umrandet und scharf gezeichnet, während die äußere Punktreihe undeutlicher angelegt ist. Bei Weibchen fällt der dunkle Randbereich der Flügel breiter und kräftiger als bei den Männchen aus.

Vorkommen: Trockene, sonnige Magerrasen und Triften mit reichlich Ameisen (Knotenameisen der Gattung *Myrmica);* in Mitteleuropa weit verbreitet, aber zumeist selten.

Lebensweise: Die Raupen leben nach anfänglichem Vorkommen an Thymian in den Nestern von Ameisen, wo sie von diesen versorgt werden. Durch die Abgabe süßer Sekrete an die Ameisen werden sie geduldet, obwohl sie sich von den Eiern und Larven der Ameisen ernähren.

J	F	M	A	M	J	J	A	S	O	N	D

Erynnis tages **Dunkler Dickkopffalter**

1

2

3

1 Weibchen mit grauer Binde auf dem Vorderflügel

2 Beim Männchen Oberseite dunkel, undeutlich gezeichnet

3 Unterseite mit hellen Tupfen

3er-Check

Merkmale: Sehr dunkler, kleiner Dickkopffalter mit undeutlicher grauer Flecken- und Bänderzeichnung oberseits, die beim Weibchen ein mehr oder weniger durchgehendes graues Band ergibt. Den Rand begleiten feine weiße Punkte. Die Unterseite ist heller ockerbraun und undeutlich gefleckt. Die gelblich getönten Flecken ordnen sich zu Reihen. Die Fühler sind ausgeprägt hakenförmig an der Spitze. Im Flug schnell; nur nachdem sich die Falter niedergelassen haben werden die Merkmale erkennbar.

Vorkommen: Weit verbreitet auf sonnig-trockenem Grasland, an Triften und lichten Hängen oder auf Waldwiesen. Vom Tiefland bis in über 2000 m Höhe im Gebirge. Wenig auffällig.

Lebensweise: Fliegt geschickt und wendig in der lockeren Vegetation oder darüber umher und kann mit anderen Dickkopffaltern der »Würfelfleck-Gruppe« verwechselt werden, die aber auch im Flug nie so einförmig dunkel wirken. Meist 1, stellenweise eine 2. Generation im Spätsommer.

J	F	M	A	M	J	J	A	S	O	N	D

Malven–Dickkopffalter *Pyrgus malvae* §

1 Klein, schwarz mit scharfer weißer Fleckung

2 Dicker Kopf mit starker Behaarung

3 Hellere Unterseite kräftig gefleckt

3er-Check

Merkmale: Sehr dunkle Grundfärbung oberseits mit deutlicher, »verstreuter« weißer Fleckung auf Vorder- und Hinterflügeln (anderer Name: Kleiner Würfeldickkopf). Beide Flügelpaare weiß gerandet, mit schmalen schwarzen Streifen darin. Am »dicken« Kopf leicht von ähnlich gemusterten Tagfaltern (Schachbrett, das auch viel größer ist!) oder tagfliegenden Spannern zu unterscheiden. Unterseits trägt die hellbraune bis ockerbraune Grundfärbung auf den Hinterflügeln eine grünliche Tönung. Stets treten auch dort die weißen Flecken deutlich und klar abgegrenzt hervor, insbesondere die mittleren. Mehrere recht ähnliche Arten in Mitteleuropa.

Vorkommen: Sonniges Grasland, Triften und Waldwiesen oder Parkrasenflächen. Weit verbreitet und meistens auch nicht selten, stellenweise häufig.

Lebensweise: Fliegt schnell, schwirrend und bodennah geschickt zwischen höheren Gräsern oder um niedrige Büsche. Die Falter klappen beim Ruhen in der Regel die Flügel zusammen. An warmen Tagen sind sie scheu, aber auch aktiver als bei bewölkter und kühlerer Witterung. 1 Generation.

J	F	M	A	M	J	J	A	S	O	N	D

Cartero-cephalus palaemon

Gelbwürfeliger Dickkopffalter

1

2

1 Dunkel mit hellgelber Würfel-fleckung (hier Weibchen)

2 Männchen mit deutlicher Punkt-reihe im Hinterflügel

3 Unterseits Gitteraderung und große Flecken

3er-Check

3

Merkmale: Auf der samtartig dunklen Oberseite liegen verteilt große gelbe Flecken. Am Vorderrand breitet sich eine goldgelbe Bestäubung aus. Unterseits sind die Flügel viel heller olivbraun (Hinterflügel) bis gelbbraun (Vorderflügel). Aus der Grundfärbung treten die Adern als scharfe dunkle Linien hervor. Von ihnen eingefasst sind große weiße bis gelblichweiße Flecken, die auf dem Hinterflügel vor dem Rand zu einer hellen Binde gruppiert sind. Die Flügel sind im Schnitt deutlich zugespitzt; der Kopf wirkt durch lange Schuppenborsten recht massig und hervortretend. Die Fühlerschäfte sind fein gelb-schwarz geringelt.

Vorkommen: Waldwiesen, Waldränder, Lichtungen und blumenreiche Wiesen mit Gebüsch; vom Tiefland bis in mittlere Höhenlagen im Gebirge. Häufig.

Lebensweise: 1 Generation; zur Hauptflugzeit nicht selten gruppenweise (locker zusammenhaltend) umherfliegend. Flugweise schwirrend, meist nahe am Boden oder im Nahbereich von niedrigem Buschwerk. Auffällig und im Frühjahr häufigste Art der Dickkopffalter.

J	F	M	A	M	J	J	A	S	O	N	D

Rostfarbener Dickkopffalter *Ochlodes venatus*

3er-Check

1 Oberseite goldbraun mit hellerer Würfelung (hier Weibchen)

2 Männchen mit ausgeprägtem schwarzem Flügelstrich

3 Unterseite grünlich und braun, schwache Fleckung

Merkmale: Kräftiger brauner Dickkopffalter; oberseits mit zu einem undeutlichen Band gruppierten helleren Würfelflecken (beim Weibchen ausgeprägter als bei Männchen). Die Männchen fallen durch ihren von Duftschuppen gebildeten schwarzen Schrägstrich im Vorderflügel auf. Da die Art häufig die Flügel hochklappt, wird unterseits die halb grünliche, halb braune Färbung mit der zum Rand hin gleichfalls bandartigen gelben Fleckung erkennbar. Die hellen Flecken sind aber nicht sehr markant und bei Männchen oft kaum zu erkennen. In der Normalhaltung in Ruhe klaffen Vorder- und Hinterflügel deutlich auseinander; letztere bleiben flacher ausgebreitet.

Vorkommen: (Wald-)Wiesen, Triften, Weiden und anderes offenes oder mit Buschwerk bestandenes, sonniges Gelände; auch Gärten und Parkanlagen. Weit verbreitet und nicht selten.

Lebensweise: Schnell fliegend und »unruhig«, aber auch häufig auf Blättern oder an Blüten mit markant zweiteilig gehaltenen Flügeln ruhend; gern an Taubenskabiosen Nektar trinkend; mitunter auch an Regenpfützen auf Wegen. Meist 1 Generation (Raupe s. S. 216).

J	F	M	A	M	J	J	A	S	O	N	D

Hesperia comma **Kommafalter**

1 Vorderflügel der Männchen mit dickem »Strich«

2 Doppelflecken in der Vorderflügel-spitze deutlich abgesetzt

3 Unterseite grünlich mit kräftiger weißer Fleckung

3er-Check

Merkmale: Der schwarze »Kommastrich« im Vorderflügel der Männchen ist, genau betrachtet, in der Mitte scharf längsgeteilt. Die Verwechslung mit dem Rostfarbenen Dickkopf schließen die hellgelben bis weißen Flecken in der dunkelbraunen Flügelspitze zwar bereits aus, aber noch deutlicher unterscheiden sich die beiden Dickkopf-Arten in der Fleckung der Hinterflügel-Unterseite. Beim Kommafalter betonen schmale schwarze Ränder die viereckigen bis quadratisch-gebuchteten weißen Flecken, die bei Männchen wie Weibchen kennzeichnend deutlich ausgebildet sind. Im Schnitt sind insbesondere die Vorderflügel noch schmaler und länglich-ausgezogener als beim Rostfarbenen Dickkopffalter.

Vorkommen: Weit verbreitet, aber nich annähernd mehr so häufig wie noch vor wenigen Jahrzehnten auf Wiesen, Weiden und an grasigen Hängen; besonders über kalkreichen Böden. Vom Tiefland bis in Hanglagen der Berge.

Lebensweise: Schneller, wendiger und unsteter Flieger, der sich bodennah hält und vornehmlich bei warmer Witterung fliegt. An Kalk liebenden Pflanzen leben seine Raupen, die vor allem verschiedene Gräser bevorzugen. 1 Generation.

J	F	M	A	M	J	J	A	S	O	N	D

Großer Schillerfalter *Apatura iris* RL 3, §

2 1

3er-Check

1 Groß, Oberseite schwärzlich mit weißer Fleckung (hier Männchen)

2 Rotbraun gerandeter Augenfleck vor der Spitze der Hinterflügel

3 Leuchtend weiße Hinterflügel-Binde mit spitzem »Zahn«

3

Merkmale: Die leuchtend blau schillernden Männchen fallen zwar auf, wenn sie am Boden sitzen und das Licht günstig auf sie fällt, aber da die Männchen des Kleinen Schillerfalters recht ähnlich aussehen und die Größenunterschiede nicht so ausgeprägt sind, bedarf es einer genaueren Unterscheidung: Im Vorderflügel gibt es keinen Augen- oder Ringfleck und von der weißen Binde im Hinterflügel geht ober- wie unterseits ein spitzer Zacken aus. Im Gegensatz zur Vorderflügeloberseite, wo nur ein dunkler Punkt durchschimmert, trägt dessen Unterseite ein großes, orangefarben umrandetes »Auge«, das in Ruhestellung bei zusammengeklappten Flügeln verborgen bleibt, bei Störung aber plötzlich präsentiert wird. Die nicht blau schillernden Weibchen können an der Unterflügelfärbung und -zeichnung auch eindeutig vom oberseits ähnlichen Großen Eisvogel unterschieden werden.

Vorkommen: Lokal; Au- und Laubwälder mit Weiden; selten.

Lebensweise: Die Falter fliegen hoch und bei kräftiger Sonneneinstrahlung, kommen aber gern an Exkremente oder an Kleintierkadaver, um daran zu saugen. Sie lassen sich mit stark riechendem Käse anlocken. 1 Generation.

J	F	M	A	M	J	J	A	S	O	N	D

RL 3, §   *Apatura ilia*   # Kleiner Schillerfalter

1 2

3er-Check

1 Oberseite beim Männchen blau schillernd, mit weißen Flecken

2 Großer Augenfleck auch im Vorderflügel (hier rötliche Form)

3 Helles Hinterflügelband ohne »Zahn«

Merkmale: Sehr ähnlich dem Großen Schillerfalter; nur wenig kleiner als dieser, aber klar durch das auffällige Auge auf der Oberseite des Vorderflügels nahe dem Rand davon zu unterscheiden (Augenfleck auf dem Hinterflügel wie beim Großen Schillerfalter!). Blauschiller beim Männchen fehlt den Weibchen, die unterseits mit feiner, unscharfer Zeichnung und grüner Marmorierung von den beiden Eisvogelfalter-Arten zu unterscheiden sind. Eine Rotschiller-Form tritt gelegentlich auf. Bei beiden Formen wirkt die Oberseite des Kleinen Schillerfalters unruhiger und deutlicher gezeichnet als die des Großen.

Vorkommen: Flussauen, Ufergehölze und feuchte Niederungen; vorwiegend im Tiefland und in mittlerer Höhenlage (bis 800 m). Lokal und meist selten.

Lebensweise: Häufiger in Bodennähe als der Große Schillerfalter und mitunter in ganzen Gruppen an Säugetierexkrementen saugend. Lässt sich auch mit stark riechendem Käse ködern. Schnell und »reißend« im Flug, der meterhoch entlang von Schneisen oder Waldwegen führt. 1 Generation (Raupe s. S. 212).

J	F	M	A	M	J	J	A	S	O	N	D

Kleiner Eisvogel *Limenitis camilla* RL 3, §

2 **1**

3

1 Oberseite schwarz mit weißem, im Vorderflügel unterbrochenem Band

2 Unterseite »bunt« im weißem Band

3 Dunkle Punkte im braunen Rand der Flügelunterseite

3er-Check

Merkmale: Auffällig schwarz-weiß im Flug oder bei aufgeklappten Flügeln. In der sich zu einem geschwungenen Band reihenden Serie weißer Flecke im Vorderflügel fehlt einer in der Mitte und unterbricht damit die weiße Binde. Vor allem auf dem Hinterflügel schimmern dunkle Punkte entlang des Randes durch. Die Flügelunterseite durchzieht ebenfalls das weiße Band. Auf dem Hinterflügel wird es begleitet von orangebraunen, mit schwarzen Linien und Punkten gefüllten Feldern. Zum Körper hin wird die Flügelunterseite blaugrau. Die Vorderflügel sind ziemlich spitz.

Vorkommen: Flussauen und feuchte Stellen in Laubwäldern oder am Rand von Gewässern mit höherem Buschwerk; mäßig häufig bis selten.

Lebensweise: Oft an Regenpfützen am Boden oder Säugetierexkrementen, an denen die Kleinen Eisvögel mitunter zusammen mit Schillerfaltern saugen. In den raschen Flug werden häufig Gleitstrecken eingeschaltet. Am Nachmittag suchen die Falter passende Stellen auf Gebüsch oder niedrigen Bäumen zum Sonnen auf. Männchen fliegen oft revierartig bestimmte Strecken ab. Die Falter treten in 1 Generation auf (Raupe s. S. 212).

J	F	M	A	M	J	J	A	S	O	N	D

RL 2, §   *Limenitis populi* **Großer Eisvogel**

1 Groß, oberseits dunkelbraun bis schwärzlich (hier Männchen)

2 Unterseite bunt mit weißen Flecken und Band

3 Graugrüner, von Doppellinie durchzogener Flügelrand

3er-Check

Merkmale: Ähnlich Kleinem Eisvogel, aber nicht nur deutlich größer, sondern auch mit markantem orangerotem Bogenband entlang der Flügelränder; besonders kräftig ausgebildet auf dem Hinterflügel. Weibchen bräunlicher und deutlich heller im Gesamteindruck als die Männchen. Unterseits kräftig orangebraun und grüngrau mit rundlichen weißen Flecken auf dem Vorder- und einem massiven, durchgehenden weißen Band auf dem Hinterflügel. Den Flügelrand entlang verläuft eine schwarze, aus Bögen zusammengesetzte Doppellinie und im orangebraunen Feld davor liegt eine Reihe unscharfer schwarzer Punkte (Doppelreihe beim Kleinen Eisvogel!). Unterer Teil der Hinterflügel und Körper sind grüngrau gefärbt; nicht blaugrau, wie beim Kleinen Eisvogel.

Vorkommen: Feuchte Laubwälder und Bachtäler in mittlerer Höhenlage; weithin selten geworden oder verschwunden.

Lebensweise: Die Männchen fliegen schnell oder präsentieren sich mit ausgebreiteten Flügeln oben in den Bäumen. Zum Trinken kommen sie zu Pfützen auf Waldwegen herunter oder sie lassen sich von faulenden Tierkadavern oder Säugetierexkrementen anlocken. 1 Generation (Raupe s. S. 212).

| J | F | M | A | M | J | J | A | S | O | N | D |

Admiral *Vanessa atalanta*

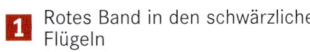

1 Rotes Band in den schwärzlichen Flügeln

2 Rindenfarben-tarnende Hinterflügel-Unterseite

3 Bunte, fein marmorierte Vorderflügel-Unterseite

3er-Check

Merkmale: Mit dem leuchtend roten Band quer über die Vorderflügel und den Rand der Hinterflügel entlang unverkennbar. Die roten Bänder wirken bei den häufig leicht angehobenen Flügeln wie ein Ring über einem dunklen »Schlund«. Dicke weiße Flecken lösen die schwarze Vorderflügelspitze konturenmäßig auf. Die Zeichnung der Unterseite bleibt in Ruhestellung weitgehend oder ganz verdeckt von den ausgesprochenen tarnfarbenen Hinterflügeln.

Vorkommen: Fliegt als echter Wanderfalter alljährlich, aber in sehr unterschiedlicher Menge aus dem Mittelmeerraum über die Alpen nordwärts und bildet in Mittel- und im südlichen Nordeuropa eine Sommergeneration, deren Falter wieder zurück wandern. Gärten, Parks, Waldränder und andere Stellen, an denen Brennnesseln oder Hopfen vorkommen, bilden die Fortpflanzungsgebiete.

Lebensweise: Die Falter fliegen schnell und einzeln; nicht in Schwärmen! Sie nutzen auch kurze Abschnitte sonnigen Wetters zur Wanderung. Gern suchen sie im Hoch- und Spätsommer Sommerflieder *(Buddleia)* zur Nektaraufnahme auf oder sie saugen an abgefallenem Obst. Überwinterungen kommen in Mitteleuropa wohl nur ausnahmsweise vor. Raupe s. S. 213.

J	F	M	A	M	J	J	A	S	O	N	D

Inachis io **Tagpfauenauge**

3er-Check

1 Oberseits 4 große bunte Augenflecken

2 Feine Wellenlinien in der Rindenzeichnung der Unterseite

3 Vorder- und Hinterflügel mit Zackenrändern

Merkmale: Unverwechselbar. Bei keiner anderen europäischen Falterart sind die großen Augenflecken so eindrucksvoll ausgebildet. Sie enthalten sogar noch die Illusion von Lichtreflexen, die sich darin spiegeln. Mit zusammengeklappten Flügeln wid der ruhende Falter von oben betrachtet zu einem dunklen Strich, von der Seite wirkt er wie ein Rindenstück. Die Zackung der Flügelränder verstärkt diesen Eindruck, ebenso die feinen schwarzen und welligen Linien der Flügelunterseite. Daran lassen sich Tagpfauenaugen auch ganz gut von anderen Tagfaltern mit dunkler Unterseite unterscheiden, wenn sie an Blüten sitzen oder ein Winterruhe-Versteck aufgesucht haben.

Vorkommen: Nahezu überall; häufig in Gärten und Parks sowie in Flussauen.

Lebensweise: Die in Gebäuden oder in Rindenspalten überwinternden Falter fliegen früh im Jahr, aber meist erst 1–2 Wochen nach den ersten Kleinen Füchsen und Zitronenfaltern. Tagpfauenaugen fliegen in 2–3 Generationen und machen mitunter auch ausgedehnte Wanderungen. Mit plötzlichem Präsentieren der Augen können sie Feinde, z. B. Kleinvögel, abschrecken. Raupe s. S. 213.

| J | F | M | A | M | J | J | A | S | O | N | D |

Kleiner Fuchs *Aglais urticae*

	Oberseite leuchtend bunt und scheckig
2	Unterseite zweigeteilt: schwarzer Innenteil
3	Deutlicher weißer Fleck am Vorderrand des Vorderflügels

3er-Check

Merkmale: In der leuchtend orangeroten Grundfarbe der Flügeloberseite liegen schwarze, vor allem am Vorderflügelrand sehr große Flecken. Zwischen dem äußeren der 3 großen Flecken und der schwarzen Flügelspitze kennzeichnet ein weißer Fleck den Kleinen im Unterschied zum Großen Fuchs. Den Flügelsaum entlang reihen sich blaue, nach innen zu mit schwarzen Bogenlinien begrenzte Flecke. Bei geschlossenen Flügeln hebt sich der hellere Außenteil scharf vom schwarzen Innenteil der Flügelunterseite ab (Unterschied zu Tagpfauenauge oder Trauermantel). Deutlich kleiner als ein Tagpfauenauge.

Vorkommen: Gärten, Parks, Auen und Niederungen; Bachschluchten im Bergland.

Lebensweise: Falter überwintern in geschützten Verstecken (Hütten, Holzstapel oder landwirtschaftliche Gebäude) und fliegen im Frühjahr an den ersten warmen Tagen. Flug schnell, mitunter Gleitstrecken. Jahrweise auch ausgedehnte Wanderungen; vor allem im Frühjahr nordwärts. 2 oder 3 Generationen. Häufiger Blütenbesucher in Gärten, der auch an Fallobst saugt. Sonnt sich im Herbst gern an (Haus-)Wänden. Raupe s. S. 213.

J	F	M	A	M	J	J	A	S	O	N	D

RL 3, §   *Nymphalis polychloros* **Großer Fuchs**

1 **2**

1 Schmutzigbraune Oberseite mit gelben Stellen

2 Hinterflügel oberseits mit kurzem schwarzem Keilfleck

3 Kein Weiß in der Flügelspitze

3er-Check

3

Merkmale: Recht ähnlich einem abgeflogenen Kleinen Fuchs, wenngleich deutlich größer und weit weniger bunt. Hauptunterscheidungsmerkmale sind der nur kurze, von den Vorderflügeln oft überdeckte schwarze Keilfleck, der vom Vorderrand der Hinterflügel ausgeht, und das Fehlen eines weißen Flecks in der Vorderflügelspitze. Beim Kleinen Fuchs ist der Hinterflügel im ganzen Innenteil kräftig dunkel gefärbt und im Außenteil kontrastreich orangerot bis gelb gefärbt. Die Unterseite der Flügel beim Großen Fuchs trägt eine gleichmäßig ausgebreitete dunkle Rindenzeichnung ohne markante Elemente.

Vorkommen: Offenes, mit Büschen bestandenes Gelände, große Parkanlagen und lichte Wälder; seltener als der Kleine Fuchs.

Lebensweise: 1 Generation, die im Sommer fliegt und überwintert (bis Ende Mai fliegen die letzten!). Im Flug schneller und »reißender« als der Kleine Fuchs. Setzt sich oft an die Stämme von Obstbäumen oder an frei stehende Bäume in lichten Wäldern oder Feldgehölzen, wo die rindenfarbene Flügelunterseite gut tarnt. Nicht an Standorte gebunden, wo es viele Brennnessel gibt, wie der kleine Vetter.

J	F	M	A	M	J	J	A	S	O	N	D

Distelfalter *Vanessa cardui*

2 **1**

3

3er-Check

1 Oberseits scheckig gelborange-schwarz, mit weißen Flecken

2 Flügelunterseite fein marmoriert »bunt«

3 Langgezogene Flügelspitze mit weißer Fleckung

Merkmale: Großer, schnell fliegender Falter, der im Flug überwiegend gelblich wirkt. Beim Blütenbesuch bleiben die Flügel meist weit geöffnet und zeigen das kennzeichnende Muster schwarzer Flecken, dunkler Zonen und deutlicher Ringe mit dunklem Kern sowie die ausgedehnt schwarzen Flügelspitzen mit den großen weißen Flecken. Schließt der Falter die Flügel, zeigt sich eine sehr fein gezeichnete Unterseite mit Rosarot, Gelbgrün, Rotbraun, Weiß und Schwarz im Vorderflügel und die von scharf hervortretenden Adern gegliederte, gelblichgrüne bis bräunliche Hinterflügelunterseite. Hier liegen große, blaugrau gekernte, fein gerandete Augenflecken in einer Reihe vor dem Rand.

Vorkommen: Ausgeprägter Wanderfalter, der im Frühsommer aus dem Mittelmeerraum einfliegt, sich bis Südskandinavien ausbreitet und fortpflanzt. Die Falter der Sommergeneration fliegen, mitunter in großen Mengen, südwärts zurück.

Lebensweise: Unsteter, unruhiger Blütenbesucher, der im Frühsommer ziemlich abgeflogen aussieht (Auswirkung des langen Wanderfluges) und auf dem Wanderflug zielstrebig die Richtung beibehält. Die Falter suchen gern Fallobst auf. Raupe s. S. 212.

J	F	M	A	M	J	J	A	S	O	N	D

§ *Zerynthia polyxena* **Osterluzeifalter**

1 Kontrastreich gelb-schwarz

2 Große gelb-schwarze bis orange-schwarze (Unterseite) Bogenlinien an den Flügelrändern

3 Rote Fleckung der Hinterflügel

3er-Check

Merkmale: Der große, so auffällig gefärbte und gezeichnete Falter ist mit keiner anderen mitteleuropäischen Art zu verwechseln. Insbesondere die sich scharf abhebende Randzeichnung der Flügel aus schwarzen und gelben, tief gebuchteten Bogenlinien sowie die im Hinterflügel davor liegenden roten Flecken kennzeichnen den einzigen Vertreter der Gruppe der Osterluzeifalter, der im Südosten Österreichs gerade noch den mitteleuropäischen Raum erreicht. Nahe verwandte, sehr ähnliche Arten gibt es auf der Iberischen Halbinsel und Südfrankreich sowie auf dem östlichen Balkan.

Vorkommen: Heißes, trockenes und offenes Gelände, wie felsige Hänge und sonnenseitige Schluchten, Weinbergterrassen oder Ruderalflächen an Dorfrändern, wo auch die Futterpflanze der Raupen, die Osterluzei, wächst. In Italien und auf dem Balkan weit verbreitet und nicht selten; im Südosten Österreichs sehr lokal.

Lebensweise: Die Falter fliegen im Sonnenschein meist dicht an oder knapp über der Vegetation, ziemlich langsam und ortstreu. Da sie aus der Raupennahrung Gifte der Osterluzei enthalten, werden sie von Vögeln kaum verfolgt. 1 Generation.

J	F	M	A	M	J	J	A	S	O	N	D

Schwalbenschwanz *Papilio machaon*   RL 3, §

1 Groß, mit gelber Grundfarbe

2 Schwänzchen am Hinterflügel (Name!)

3 Gelbe Halbmonde in schwarzem Grund am Flügelrand

3er-Check

Merkmale: Der große, langflügelige Falter mit schwarzer Gitter- und Fleckenzeichnung unterscheidet sich vom noch etwas größeren Segelfalter durch das blaue Band im Hinterflügel, das zum großen orange bis karminroten Augenfleck am unteren Flügelrand nahe der Hinterleibsspitze führt. Zusammen mit dem Fleck des anderen Flügels kommt der Eindruck eines Augenpaares zustande, dessen Wirkung der verlängerte Zipfel, der »Schwalbenschwanz« verstärkt. Ausgeprägt ist das dunkle Band entlang der Außenkante des Vorderflügels mit scharfer gelber Zeichnung.

Vorkommen: Offenes, sonniges und blütenreiches Gelände in warmer Lage, aber auch hoch im Gebirge an sonnseitigen Hängen bis über 1500 m. Nicht selten an Sommerflieder-Blüten in Gärten, zumal wenn Karotten angepflanzt sind.

Lebensweise: Eher langsamer, schwebender, mitunter aber auch sehr schnell dahineilender Flieger, der vornehmlich während der warmen Sonnenstunden des Tages zum Blütenbesuch unterwegs ist. Da die Raupen (s. S. 208) nicht nur an Wilder Möhre, sondern auch an Karotten gedeihen, gibt es in manchen Jahren viele Schwalbenschwänze in Gärten. 2 Generationen.

J	F	M	A	M	J	J	A	S	O	N	D

RL 2, §   *Iphiclides podalirius* **Segelfalter**

1 Groß, mit hellgelber Grundfärbung

2 Hinterflügel auffällig lang
geschwänzt

3 Unscharfes dunkles Streifenmuster ohne Flecken am Vorderflügel

3er-Check

Merkmale: Vorderflügel mit länger ausgezogener Spitze als beim Schwalbenschwanz; durch die langen, sehr auffallenden »Schwänz-chen« an den Hinterflügeln sowie die beim Blütenbesuch meist bogenförmig rückwärts gezogenen Vorderflügel, welche die Hin-terflügel dann weitgehend überdecken, nicht schwer von diesem zu unterscheiden. Am Hinterflügelrand liegen neben dem helleren, weniger kräftig orangefarbenen Umfeld schwarz-blaue Flecken, welche das Augenpaar bilden. Ähnliche »Halbaugen« folgen gestuft am Rand des Hinterflügels. Die vom Vorderrand ausgehenden, keilförmigen schwarzen Bänder »weisen« auf das Augenpaar und das lange Schwänzchen hin.

Vorkommen: Selten an sonnigen Triften und Schlehengebüsch; im Mittelmeerraum verbreitet und häufig.

Lebensweise: Unruhiger, sehr gut und schnell fliegender Falter, der lange Segelstrecken (Name!) einschiebt und beim Herumtän-zeln vor den Blüten sehr »leicht« wirkt. Die Falter fliegen gern freie, mit etwas Gebüsch bestandene Hügelkuppen an und ruhen mit zusammengeklappten Flügeln wenig auffällig an Blattwerk hängend. 1 Generation. Raupe s. S. 208.

| J | F | M | A | M | J | J | A | S | O | N | D |

Trauermantel *Nymphalis antiopa* RL 3, §

1	Groß, samtig-dunkel, gelber Rand
2	Unterseite mit abgesetztem, hellem Flügelrand
3	Blaue Fleckenreihe vor dem gelben Saum

3er-Check

Merkmale: Die einzigartige Verbindung von einfarbig dunkler Oberseite mit hellgelbem bis fast weißlichem, recht breitem Rand macht den Trauermantel unverkennbar. Die helle Randzone hebt sich auch bei geschlossenen Flügeln unterseits so deutlich ab, dass selbst die Zackung des Flügelrandes keine Verwechselung mit Pfauenaugen oder anderen großen Tagfaltern zulässt. Erst bei näherer Betrachtung werden die kräftigen, im Licht strahlenden blauen Flecken sichtbar, die zwischen dem samtdunklen Innenteil und dem hellen Rand über Vorder- und Hinterflügel eine Reihe bilden. Der Falter wirkt wie mit grobem Pfeffer bestreut.

Vorkommen: Lichte Wälder und Auen mit Bach- oder Flussläufen vom Tiefland bis in rund 2000 m Höhe im Gebirge. Fast immer selten, aber Jahr für Jahr regelmäßig zu beobachten.

Lebensweise: Ähnelt im Flug Pfauenaugen oder Admirälen, und wie diese saugt der Trauermantel auch gern an süßem Fallobst, besucht nektarreiche Blüten (Sommerflieder *Buddleia)* und ruht auch an Holzwänden oder Mauern. Allerdings fliegt er meist höher, oft in mehr als 5 m Höhe, und fällt dadurch weniger auf. 1 Generation, die überwintert. Raupe s. S. 213.

J	F	M	A	M	J	J	A	S	O	N	D

§

Adscita statices
Syn.: *Procris statices* **Gründwidderchen**

1

2

1 Glänzend grün

2 Flügel länglich, geschlossen

3 Fühler mit stumpfer Spitze; beim Männchen stark gekämmt

3er-Check

3

Merkmale: Unauffälliges, klein wirkendes Widderchen mit intensiv grün glänzender Oberseite. Die Flügel schließen sich flach-dach-förmig über dem Körper. Kopf und Brust bleiben unauffällig; grün glänzende Fühler. Die Art könnte für eine »Motte« (Kleinschmetterling) gehalten werden, gehört aber zur Verwandtschaft der Blutströpfchen und mit diesen in die weitere Verwandtschaft der Bärenspinner. Während die rot-schwarzen Widderchen kräftige Fühler mit hakenartig gebogener Spitze tragen, hat das Grünwidderchen solche mit leicht spatelförmig verbreiterter Spitze. Die Falter sind nur etwa 17 mm lang.

Vorkommen: Blütenreiche Wiesen, Gebüsch- und Waldränder in sonniger Lage oder Lichtungen und nicht zu schattige Schluchten. Weit verbreitet und vielerorts nicht selten, aber wenig auffällig. Das Grün, so sehr es aus der Nähe betrachtet auch leuchtet, tarnt recht gut und wirkungsvoll.

Lebensweise: An Kuckucks-Lichtnelken oder anderen Blüten sammeln sich die Falter mitunter zu mehreren an. Die Fühler der Weibchen sind schlank und leicht kolbenförmig, die der Männchen gekämmt. 1 Generation.

J	F	M	A	M	J	J	A	S	O	N	D

Gemeines Blutströpfchen
Zygaena filipendulae §

1 Vorderflügel mit 6 roten Flecken

2 Hinterflügel rot, schmal schwarz gesäumt

3 Fühler spitz-keulenförmig, hakenartig gekrümmt

3er-Check

Merkmale: Mehrere recht ähnliche Arten von »Blutströpfchen« tragen die rote Fleckenzeichnung auf den Vorderflügeln. Bei dieser Art hier sind alle roten Flecken von ähnlicher Größe und doppelt angelegt. Die Grundfarbe der Flügel und des Körpers ist schwärzlich mit eher schwachem Grünglanz. Die Hinterflügel tragen ein sehr intensives Blutrot, das nur schmal abgesäumt wird, jedoch in Ruhehaltung der Falter so gut wie nicht zu sehen ist. Im Flug hingegen wirkt dieses Widderchen sehr rot. Die Merkmale müssen ganz genau betrachtet werden, um zu einer sicheren Bestimmung zu kommen. Etwa 23 mm lang.

Vorkommen: Magere Wiesen, sonnige Hänge und Waldränder; im Bergland auch über feuchten Wiesen und bis in 2000 m Höhe zu finden. Weit verbreitet, aber nur örtlich häufiger; die Vorkommen sind fast überall rückläufig.

Lebensweise: Wie alle Widderchen langsam und schwirrend fliegend. Man kann die Falter mit etwas Geschick aus dem Flug »greifen« ohne sie zu beschädigen. Auf Blüten lassen sie sich gut und aus der Nähe betrachten. Sie enthalten Gift und riechen nach Blausäure. 1 Generation. Raupe s. S. 217.

J	F	M	A	M	J	J	A	S	O	N	D

RL 4, §   *Zygaena trifolii* **Kleewidderchen**

1

2

3

3er-Check

1 Vorderflügel 5 rote Flecken

2 Hinterflügel rot, mit breitem schwarzem Saum

3 Äußerer roter Fleck von den anderen entfernt

Merkmale: Die 5 großen roten Flecke sind in Form und Größe veränderlich. Sie können, der äußerste ausgenommen, einander berühren oder zusammenfließen. Unterscheidung zu mehreren nahe verwandten Arten schwierig. Wichtig: Schwarzer Saum der Hinterflügel breit und kein roter Ring am Hinterleib! Grundfarbe von Flügel und Körper glänzend grünschwarz. Fühler am Ende stark verdickt. Mehrere Färbungsvarianten kommen vor. Etwa 17 mm lang.

Vorkommen: Feuchte bis nasse Wiesen, Moore, aber auch Kalktriften und sonnige Hänge. Zerstreute Vorkommen, aber stellenweise nicht selten.

Lebensweise: Ausgeprägter als andere Widderchen an feuchte Stellen gebunden, wo die Raupen an Hornklee leben. Die trägen, wenig fluglustigen Falter schlüpfen früh im Jahr, mitunter bei warmer Frühjahrswitterung schon Mitte bis Ende Mai, und sind dann die ersten Widderchen. Sie bilden 1 Generation im Jahr. Abweichungen in der Flügelfärbung und -zeichnung treten vor allem bei den Weibchen auf. Sogar zitronengelbe Varianten kommen vor.

J	F	M	A	M	J	J	A	S	O	N	D

Weißfleckwidderchen *Syntomis phegea* §

2 1

1 Ähnlich den Widderchen,
aber ohne Rot (hier Männchen)

2 Gelber Ring am Hinterleib
(hier Weibchen)

3 Fühlerspitzen weiß

3er-Check

3

Merkmale: Weißfleckwidderchen gehören zu den Bärenspinnern,
sind also mit den echten Widderchen (»Blutströpfchen«) nicht näher
verwandt. Sie ähneln ihnen im Körperbau. Die Flügel halten sie
aber weiter ausgebreitet und nicht dachförmig über den Körper
gelegt. Das weiße Fleckenmuster ist für die einzige in Mitteleuropa
vorkommende Art kennzeichnend. Ihr Flug verläuft geradlinig und
nicht besonders schnell. Auffällig ist der breite gelbe Ring am Hinterleib, der in der Regel auch dann gut zu sehen ist, wenn der Falter eine Blüte besucht. Hinterflügel viel kleiner als Vorderflügel.
Flügellänge gut 2 cm.

Vorkommen: Warme, wenig bewachsene Hänge und Ödland im
Südosten. Lichtungen in wärmebegünstigten Wäldern; in Südeuropa auch Kulturland (Gärten, Anlagen). In Mitteleuropa nur an
wenigen Stellen und recht selten geworden.

Lebensweise: Ausgeprägter Tagflieger, der in den heißesten Tages-
stunden aktiv ist und wenig Scheu zeigt. Die Falter sind durch für
Vögel schlecht schmeckende und mehr oder weniger stark giftige
Inhaltsstoffe geschützt. Die Verwandtschaft dieser Falter ist vorwiegend in den Tropen verbreitet.

J	F	M	A	M	J	J	A	S	O	N	D

§   *Philea irrorella*   # Steinflechtenbär

2er-Check

1 Flügel gelb, mit vielen feinen Punkten (hier Männchen)

2 Dottergelbe Haare an Kopf und Hinterleibsende

Merkmale: Zarthäutige Flügel in lichtem, beim Männchen etwas intensiverem Gelb kennzeichnen diesen Kleinbären. Die dunklen Punkte bilden undeutlich 3 Querreihen. Die Hinterflügel tragen außer am Spitzenteil keine Punktierung. Der Flügelschnitt ist bei den Vorderflügeln länglich. In der Spitze fällt in der Regel ein Punkt deutlich größer als die anderen aus. Das intensive Gelb von Kopf und Hinterleibsspitze bildet einen starken Kontrast zum sonst schwärzlichen Körper. Das Weibchen ist blasser und größer gepunktet. Flügellänge knapp 2 cm.

Vorkommen: Sonnige, locker bewachsene Hänge, lichte Waldwiesen, trockene Bereiche von (Hoch-)Mooren und grasigen Heiden; örtlich auch in Gärten. Stellenweise nicht selten und allgemein weit verbreitet.

Lebensweise: Die Raupen leben von Flechten, die auf Steinen und an sonnigen Baumrinden wachsen. Die Falter ruhen tagsüber und fallen eher zufällig auf. Sie erscheinen in 1 Generation, sind träge und wenig fluglustig.

J	F	M	A	M	J	J	A	S	O	N	D

Flechtenbär *Cybosia mesomella* §

3er-Check

1 Flügel seidig blassgelb

2 2 dunkle Punkte nahe der Vorderflügel-Mitte

3 Kopf und Flügelrand dottergelb

Merkmale: Flügelschnitt stumpfer als beim Steinflechtenbär; weit blasser und seidiger in der Wirkung. Die beiden dunklen Punkte im Vorderflügel fallen nicht sehr auf. Hinterflügel grau überzogen und »faltig«. Deutlich ausgeprägt ist der gelbe Rand an den Vorderflügeln, welche die Hinterflügel in der Ruhehaltung völlig verdecken. Im Vergleich zur Zartheit der Flügel wirkt der Körper kräftig. Sitzen die Falter bodennah an Stämmen, machen sie den Eindruck eines hellen, gelblichen Flecks, der von einem Vogelexkrement stammen könnte. Flügellänge 1,5 cm.

Vorkommen: Kiefernmischwälder, Auen, lichte Laubwälder und Waldränder sowie offenes Buschland in wärmebegünstigter Lage. Stellenweise auch mageres Grasland an Hängen. Häufig, aber oft übersehen.

Lebensweise: Da sich die Raupen von Erdflechten und Lebermoosen ernähren, findet man die unauffälligen Falter am ehesten an Stellen mit reichlichem Vorkommen dieser anspruchslosen Pflanzen. Mitunter fliegen sie auch an künstliches Licht; insbesondere wenn die Lampe im Ultraviolettbereich abstrahlt.

J	F	M	A	M	J	J	A	S	O	N	D

§ *Oeonistis quadra* # Stahlmotte, Würfelmotte

1

> **1** Langflügelig; Männchen graugelb, mit gelbem Kopfteil
>
> **2** Weibchen gelb, mit 2 großen dunklen Flecken

2er-Check

2

Merkmale: Lange rundliche Flügelform; Männchen graugelb und deutlich kleiner als das hellgelbe Weibchen, das am Vorderrand des Vorderflügels etwa in der Mitte einen kräftigen Keilfleck trägt. Darunter liegt ein kleinerer dunkler Fleck dem Innenrand genähert. Kopf schwefelgelb und auch große Teile des Körpers gelb. Die Hinterflügel zeichnungslos, einförmig zartgelb und erheblich breiter als die Vorderflügel. Alle Flügel dünn. Die Stahlmotten wirken wenig kräftig und werden bis knapp 3 cm lang.

Vorkommen: Gärten, Parkanlagen, Auen und lichte Wälder; auch Nadelwälder. Weit verbreitet, aber nur in manchen Jahren häufig.

Lebensweise: Unauffällig und flugunlustig, aber die Falter fliegen mitunter abends zum Licht. Die Raupen leben normalerweise von Baumflechten, stellen sich aber bei Massenvermehrungen von Nonnenfaltern auf den Fraß der Raupen dieser Art um. Dann wird die Stahlmotte sehr häufig.

| J | F | M | A | M | J | J | A | S | O | N | D |

Gelbe Tigermotte *Spilarctia lutea* §

1

2

1 Flügelfarbe gelb; Form dreieckig

2 Schwarze Punkte bilden Bogenreihe

2er-Check

Merkmale: Die gelbe Grundfärbung der Flügel und die gereihten schwarzen Punkte, die meist recht deutlich ausgebildet sind, unterscheiden die Gelbe deutlich von der im selben Lebensraum vorkommenden Weißen Tigermotte. Wie auch bei dieser ist der Hinterleib auffällig gelb-schwarz gezeichnet und wird bei Gefahr »präsentiert«, meist in gekrümmter Form. Dabei kippen die Falter auf die Seite, sodass der Hinterleib gut sichtbar wird, und stellen sich tot. Von oben betrachtet bilden die Flügel, die flach-dachförmig über dem Körper zusammengelegt sind, ein fast gleichschenkeliges Dreieck. Länge etwa 2 cm.

Vorkommen: Gärten, Parks, Auwälder und Waldränder; in der Bodenvegetation oder bodennah an Stämmen tagsüber ruhend. Häufig; insbesondere in wärmeren und niederschlagsarmen Regionen Mitteleuropas.

Lebensweise: Die Raupen (s. S. 217) ernähren sich von einer Vielzahl an Kräutern, leben aber auch an Sträuchern. Die Giftstoffe, welche den Falter schützen, erzeugen diese selbst, jedoch in geringeren Mengen als die Weiße Tigermotte. Vögel meiden daher diese Falter.

J	F	M	A	M	J	J	A	S	O	N	D

§   *Spilosoma menthastri*   # Weiße Tigermotte

1 Oberseits weiß mit zahlreichen kleinen schwarzen Flecken

2 Kopfteil wie Pudelmütze

3 Hinterleib kräftig gelb-schwarz gefleckt

3er-Check

Merkmale: Die kleinen schwarzen Flecken auf den Vorderflügeln sind ohne erkennbares Muster verteilt und in der Regel auch sehr klar ausgebildet. Ihre Zahl fällt jedoch unterschiedlich aus; manche Falter tragen nur sehr wenige davon und könnten mit dem nur wenig größeren weißen Nesselbär verwechselt werden. Dieser hat jedoch einen mehr orangefarbenen Hinterleib und eine nur schwach ausgebildete Fleckenreihe über dessen Mitte bis zum Ende. Seine Fühler sind bis zur schwarzen Spitze weiß, bei der Weißen Tigermotte aber schwarz! Bei dieser tragen oft auch die Hinterflügel einige schwarze Flecken. Die weiße Grundfarbe der Flügel unterscheidet sie von der gleich großen Gelben Tigermotte.

Vorkommen: Überall in Gärten, Parks und lichten Wäldern und meist auch häufig.

Lebensweise: Die Falter ruhen am Tag, oft ungeschützt an Gräsern oder bodennah an Stämmen, wobei die Flügel dachartig (steiler als bei der Gelben Tigermotte) über den Körper zusammengelegt sind. Bei Störung stellen sich die Tigermotten tot und präsentieren ihren auffälligen Hinterleib in gekrümmter Haltung. Sie sind schlecht schmeckend bis leicht giftig und werden von Vögeln gemieden.

J	F	M	A	M	J	J	A	S	O	N	D

Rotrandbär *Diacrisia sannio* §

2 **1**

1 Flügel rötlich gerandet
(hier Männchen)

2 Großer Fleck mit »Schleifspur«
auf dem Vorderflügel

3 Hinterflügel mit verdunkeltem
Rand (hier Weibchen)

3er-Check

3

Merkmale: Mittelgroßer, etwa 2,5 cm langer »Bär« mit gerundeten, beim Männchen gelblichen, beim Weibchen rotgelben Vorderflügeln, die einen großen dunklen Mittelpunkt tragen. Dieser sieht aus wie verrutscht und als ob er eine Spur hinterlassen hätte. Auch im Hinterflügel befindet sich ein undeutlicher dunkler Fleck, der beim Männchen wegen der helleren Grundfärbung und der geringer ausgebildeten Randzone stärker als bei den verdunkelten Weibchen auffällt. Der rötliche Ton des Vorderflügelrandes ist vor allem beim Männchen kennzeichnend und namensgebend.

Vorkommen: Waldränder, Schonungen, Auen und moorige Wälder oder grasige Lichtungen. Stellenweise in ausgedehnten Parkanlagen. Häufig, aber nicht auffallend.

Lebensweise: Am Tag träge und in der Vegetation ruhend. Dabei fallen die rötlich gerandeten Flügel der Männchen auf. Fliegt an waldrandnahen Gebäuden manchmal ans Licht (Männchen). Die Weibchen wählen für die Eiablage ein breites Spektrum von krautigen Pflanzen.

J	F	M	A	M	J	J	A	S	O	N	D

§   *Arctia caja* **Brauner Bär**

1 Hinterflügel rotorange mit großen runden Flecken

2 Vorderflügel mit die Form auflösender Zeichnung

3 Körper weitgehend rostrot und dick

3er-Check

Merkmale: Unverkennbar am Flügelmuster, das mit zackigen weißen bis gelblichweißen Linien die einförmig braune Färbung der Vorderflügel-Oberseite zerlegt. Die beiden äußeren weißen Bänder können ein krummes X bilden. Bei zusammengelegten Flügeln geht dieses Muster von einem zum anderen Flügel ineinander über und die knalligen Hinterflügel mit den dunkelblau glänzenden Rundflecken im rotorangefarbenen Grund sind verdeckt. Bei Störung zeigt der Falter plötzlich diese abschreckende Warnfärbung. Kopf und Brust, vor allem bei den Weibchen, mit langer brauner Behaarung; Hinterleib sehr dick, wie auch die ganze Unterseite rostrot gefärbt. Die Braunen Bären fallen auch durch ihre Größe (3,5 cm lange Vorderflügel) auf.

Vorkommen: Grasland, Gärten, Parks, lichte Wälder; häufig.

Lebensweise: Träger großer Falter, dessen Weibchen ungern fliegen. Die Männchen kommen nachts gelegentlich ans Licht ins Zimmer oder an die Straßenbeleuchtung. Die Falter sind an Gebüschrändern oder an Triften auch tagsüber zu finden, vermeiden es jedoch am Tag zu fliegen. Mit ihren Warnfarben signalisieren sie Ungenießbarkeit. Raupe s. S. 217.

J	F	M	A	M	J	J	A	S	O	N	D

Schönbär *Callimorpha dominula* RL 3, §

1 Glänzend schwarze Vorderflügel mit runden Flecken

2 Hinterleib rot mit schwarzem Mittelstrich

3 Kopf und Brust mit dickem gelbem Doppelstrich

3er-Check

Merkmale: Tagflieger, der die intensiv karminroten, vom Rand her mit schwarzen Bändern und Flecken durchzogenen Hinterflügel beim Blütenbesuch oder in Ruhe weitestgehend verdeckt. Dann ist er durch die großen weißen und gelben, unregelmäßig rundlichen Flecken auf den glänzend schwarzgrünen Vorderflügeln eindeutig gekennzeichnet. Vor allem bei Männchen wirkt der Hinterleib recht schmal und weicht damit vom Typ des Bärenfalters ab. Die Vorderflügelspitze ist deutlich gerundet, sodass der Schönbär für einen Tagfalter gehalten werden könnte. Aber die ausgebreitete, flache Flügelhaltung in Ruhe und der eher geradlinig-schwirrende Flug weisen darauf hin, dass es sich um einen tagfliegenden Nachtfalter handelt. Vorderflügel etwa 2,5 cm lang.

Vorkommen: Sehr lokal in Bachschluchten und feuchten Wäldern oder an Quellsümpfen; weit verbreitet, aber meist nicht häufig.

Lebensweise: Tagsüber Blütenbesucher an Disteln, Minzen oder Dost; auch nachts aktiv. Die Falter fliegen langsam und sammeln sich an den für sie günstigen Stellen in kleineren Gruppen an. Bei großer Hitze ziehen sie sich an feuchte, kühle und schattige Stellen zurück. 1 Generation. Raupe s. S. 218.

J	F	M	A	M	J	J	A	S	O	N	D

RL 3, §   *Euplagia quadripunctaria*   **Russischer Bär**

1 Schwarze Vorderflügel mit weißem Streifenmuster

2 Kopf und Brust fein schmal gestreift

3 Flügelenden bilden ein »Gesicht«

3er-Check

Merkmale: Die intensiv roten Hinterflügel des Russischen Bärs (auch Spanische Fahne genannt) tragen einen dunklen, kräftigen Mittelfleck und eine schwarze Halbbinde zum Rand hin. Die Vorderflügel verdecken sie weitgehend oder ganz in Ruhestellung und lösen dabei mit ihrer breiten, geradlinig verlaufenden weißen bis gelblichweißen Streifung die Form auf. Zusammengelegt und von hinten angesehen erzeugen sie den Eindruck eines kleinen Gesichtes mit einem Augenpaar in der Mitte, was mitunter durch leicht zuckende Flügelbewegungen verstärkt wird.

Vorkommen: Sehr lokal an feuchten Stellen in und an Wäldern, insbesondere wo Wasserdost in größeren Beständen vorkommt. Dann meistens in größerer Zahl (Dutzende, Hunderte bis Tausende).

Lebensweise: Tagsüber, insbesondere am späten Vormittag und wieder am Nachmittag, Blütenbesucher, der Blüten von Dost *(Eupatorium cannabinum)* bevorzugt. Die Falter fallen durch ihre körperauflösende Zeichnung wenig auf. Im Flug sind sie langsam und schwirrend, aber am Rot der Hinterflügel leicht zu erkennen. 1 Generation. Im Tal der Schmetterlingen (Petaloudes) auf Rhodos halten Tausende Sommerschlaf in einer kühlen Bachschlucht.

J	F	M	A	M	J	J	A	S	O	N	D

Rostbär, Zimtbär *Phragmatobia fuliginosa* §

1 Vorderflügel kurz, einförmig rostbraun

2 Hinterflügel rot mit schwarzer Zeichnung

3 Kleiner schwarzer Mittelfleck im Vorderflügel

3er-Check

Merkmale: Klein, dicklich und verwaschen rotbraun in der Vorderflügelfärbung. Der kleine schwarze Punkt fällt nur bei genauerer Betrachtung auf. Die Hinterflügel sind hell rostrot, zum Körper hin kräftiger gefärbt und am Rand von einer undeutlich abgegrenzten dunklen Binde durchzogen. Davor liegt ein abgesetzter schwarzer Doppelfleck. Auffälliger rot bis rostrot ist der dicke Hinterleib, über den sich eine unscharfe dunkelbraune Linie vom ebenso gefärbten Vorderkörper aus erstreckt. Dieser wirkt sehr dick durch eine pelzartige Behaarung. Vorderflügel knapp 2 cm lang.

Vorkommen: Überall in grasigem, offenem Gelände oder in lichten Wäldern verbreitet. Wie die oft über die Wege eilenden Raupen (s. S. 217) zeigen, ist die Art auch viel häufiger, als sie als Falter gesehen wird.

Lebensweise: Träge, wenig auffällig, tagsüber an Gräsern hängend mit dachförmig zusammengelegten Vorderflügeln, die den warnfarben-roten Hinterleib verbergen. Lässt sich bei Berührung fallen und »zeigt« den sich krümmenden Hinterleib. Die Warnfärbung schützt vor den Futter suchenden Vögeln.

J	F	M	A	M	J	J	A	S	O	N	D

§

Hipocrita jacobaeae
Syn.: *Tyria jacobaeae* **Blutbär**

1

2

1	Vorderflügel grau mit Rot
2	Hinterflügel rein rot, schwarz gesäumt
3	2 große rote Flecken am äußeren Vorderflügelrand

3er-Check

3

Merkmale: Mit Grau und viel Rot gekennzeichneter, langflügeliger Falter mit schmalem (Männchen) oder mäßig dicklichem Hinterleib (Weibchen). Dieser schwarz gefärbt. Vor der Vorderkante des Vorderflügels zieht sich ein roter Streifen fast bis zur abgerundeten Flügelspitze hin, der zusammen mit den beiden dicken roten Flecken am Außenrand ein unverwechselbares Muster erzeugt. Die rein roten Hinterflügel sind breiter als die Vorderflügel, werden aber von diesen weitgehend verdeckt. Ein feiner schwarzer Saum verläuft an ihrem Rand. Vorderflügel knapp 2 cm lang.

Vorkommen: Waldränder, Täler, Steinbrüche oder Bachläufe mit Vorkommen von Jakobs-Kreuzkraut *(Senecio jacobaea);* daher auch Jakobskrautbär genannt und lokal bis ins Gebirge verbreitet.

Lebensweise: Während die Raupen (s. S. 218) mit ihrem gelb-schwarzen Ringelmuster auffallen und ihre Giftigkeit signalisieren, drückt sich dies bei den Faltern durch ihr plakatives Rot-Schwarz aus. Sie sind träge und erst bei Annäherung auffällig. An Hängen und in Tälern der Alpen findet man sie auch an Beständen von Huflattich und Pestwurz. Falter und Raupen tragen Warntrachten, die gegen Vögel als Fressfeinde gerichtet sind.

J	F	M	A	M	J	J	A	S	O	N	D

Totenkopfschwärmer *Acherontia atropos* §

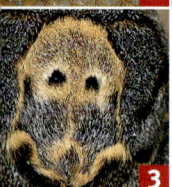

3er-Check

1 Sehr groß und massig
(Vorderflügel 7 cm lang)

2 Körper gelb-blauschwarz
geringelt

3 Totenkopfzeichnung
auf dem Rücken

Merkmale: Der massige Schwärmer gehört zu den eindrucksvolls-
ten Schmetterlingen. Mit langen, schnittigen Flügeln, die in Ruhe
das gelb-schwarze Bindenmuster des Hinterleibs überdecken und
die eine undeutliche Rindenmusterzeichnung oberseits tragen, ist
er als sehr kräftiger Flieger gekennzeichnet. Tatsächlich fliegen
die Totenkopfschwärmer im Frühsommer aus Nordafrika und dem
Mittelmeerraum über die Alpen bis ins südliche Nordeuropa, wo
sie wegen der Vorliebe des Falters für Honig immer wieder in
Bienenstöcken gefunden wurden. Die Hinterflügel sind gelb mit
schwarzer Bänderung zum Rand hin. Bei Weibchen ist der Hinterleib breiter als bei Männchen.

Vorkommen: Nördlich der Alpen offenes Kulturland.

Lebensweise: Die Raupen (s. S. 222) leben vom Kraut der Kartoffel-
pflanzen und verpuppen sich im Hochsommer in einer Erdhöhle.
Nur wenn sie frühzeitig genug im Spätsommer/Frühherbst schlüpfen können (und von den Erntemaschinen nicht erfasst werden),
schaffen sie den Rückflug über die Alpen. Der Falter ist in der
Lage, mit seinem Schlund einen Piepston zu erzeugen und so im
Verein mit der Schreckfärbung Feinde abzuwehren.

J	F	M	A	M	J	J	A	S	O	N	D

§ *Deilephila nerii* **Oleanderschwärmer**

2er-Check

1 Abstrakt grün-helle Vorderflügel

2 Augenmuster auf dem Vorderkörper

Merkmale: Sehr großer (Vorderflügel 5–6 cm lang) schnittiger und »tropisch« wirkender Schwärmer, der im Mittelmeerraum weit verbreitet vorkommt und gelegentlich über die Alpen nordwärts fliegt. Die Vorderflügel bilden in der Ruhehaltung ein wie von abstrakter Malerei gestaltetes, Körper auflösendes Muster, das gut zum Licht- und Schattenspiel mediterraner Oleandergebüsche passt. Die Augenzeichnung wirkt wohl auf Vögel oder Echsen abschreckend. Die kleineren Hinterflügel bilden in Form und Schnitt mit den viel größeren Vorderflügeln zusammen eine Einheit, die es diesem Schwärmer ermöglicht, kleinvogelgleiche Fluggeschwindigkeiten und Reichweiten zu erzielen.

Vorkommen: Art des Mittelmeerraumes. In manchen Jahren treten Einflüge nach Mitteleuropa auf, wobei der Oleanderschwärmer Orte mit Oleander aufsucht.

Lebensweise: Besucht in der Dämmerung und nachts große, nektarreiche Blüten im Schwirrflug nach Art von Kolibris. Die verstärkte Anpflanzung von Oleander und *Datura* in Gärten in sonniger Lage fördert sein Auftreten. Die Raupen (s. S. 224) überstehen den mitteleuropäischen Winter nicht.

J F M A M J J A S O N D

Windenschwärmer *Agrius convolvuli* §

3er-Check

1 Sehr großer, grauer und schnittiger Schwärmer

2 Rote Hinterleibsringe; Hinterflügel bläulich mit dunklen Bändern

3 »Schlangenkopf« auf dem Rücken

Merkmale: Die rindengrauen, von dunklen Linien durchzogenen, sehr schnittigen Vorderflügel weisen diesen großen Schwärmer (Flügellänge 4,5–5 cm) als ausgezeichneten Flieger aus. Sie verdecken in der (tagsüber eingenommenen) Ruhehaltung die durch bläuliche und schmale dunkle Bänder vom Ligusterschwärmer klar unterschiedenen Hinterflügel sowie die rot-schwarze Ringelung des kräftigen, aber spitz auslaufenden Hinterleibs. Am Ansatz des Hinterleibs bilden die Schuppen auf dem Rücken zwischen den Flügeln einen deutlichen Kopf einer kleinen Schlange.

Vorkommen: Wanderfalter, der in manchen Jahren in größerer Zahl aus Nordafrika nach Mitteleuropa einfliegt und sich hier fortpflanzt. Die Raupen (s. S. 222) leben an Ackerwinden und fallen auf, wenn sie im Hochsommer über die Straßen laufen. Der Rückflug erfolgt von August bis in den Spätherbst.

Lebensweise: Ruht tagsüber in kennzeichnend senkrechter bis leicht schräger Haltung im Gebüsch oder an Holzwänden. Abends mitunter Besuch großer Blüten im Schwirrflug. Zieht nachts in pfeilschnellem Flug und überquert die Alpen an den Pässen. Der Körper wird dabei 40 °C warm.

J	F	M	A	M	J	J	A	S	O	N	D

§ *Sphinx ligustri* # Ligusterschwärmer

1 Dunkler »Längswisch« auf dem Vorderflügel

2 Hinterflügel mit rötlich-schwarzem Doppelband

3 Kopfzeichnung scharf abgegrenzt schwarz-hell

3er-Check

Merkmale: Sehr großer, kräftiger Schwärmer mit schwarzen Längsstrichen auf den Vorderflügeln, die vom Innenrand her einen breiten, unscharfen dunklen »Längswisch« tragen und in eine schwarz abgegrenzte Spitze münden. Vorderflügel breiter und nicht so schnittig wie beim ähnlichen Windenschwärmer. Hinterleib breiter schwarz geringelt auf roter Grundfärbung. Auch bei in Ruhestellung vollständig dachförmig zusammengelegten Vorderflügeln ist die scharf abgesetzte schwärzliche Färbung von Rücken und oberem Kopfbereich gegen die cremefarbene Unterseite kennzeichnend. Hinterleib der Weibchen viel dicker als bei den Männchen.

Vorkommen: Gärten und Parks oder Waldränder und Lichtungen mit Vorkommen von Liguster. Verbreitet und häufig.

Lebensweise: Ligusterhecken kamen der Verbreitung und Häufigkeit dieses großen Schwärmers (Flügellänge 4,5–6 cm) sehr zu statten, sodass die charakteristischen großen Raupen (s. S. 223) darin meistens auch in größerer Anzahl gefunden werden können. Die Falter fliegen in 1 Generation, am späten Abend und nachts; tagsüber ruhen sie in getarnter Haltung im Gebüsch oder an nicht zu stark besonnten Wänden.

J	F	M	A	M	J	J	A	S	O	N	D

Abendpfauenauge *Smerinthus ocellatus* §

2 **1**

1 Geschwungene Flügelform

2 Vorderflügel bilden eine Hakenspitze

3 »Pfauenaugen« auf den Hinterflügeln

3er-Check

3

Merkmale: Die geschwungenen, von Wellenlinien und braunen Schattierungen durchzogenen Vorderflügel laufen in eine nach rückwärts deutlich gekrümmte Spitze aus. Zwischen den Spitzen beider Vorderflügel ragt die Spitze des Hinterleibes als dritte in der Mitte hervor, wobei die Hinterflügel ganz verdeckt bleiben. Erst bei Störung werden sie durch ruckartiges Vorziehen der Vorderflügel frei: urplötzlich erscheinen dann die beiden großen Augen, zwischen denen der Hinterleib zur Gesichtsachse (»Nase«) wird. Ein samtartig dunkler Bereich befindet sich vorn auf dem Brustteil hinter dem Kopf. Öffnet der Falter die Vorderflügel weit, erscheint auch das rote Feld über den Augen. Das Abendpfauenauge gehört zu den großen Schwärmern (Flügel 4–4,5 cm lang).

Vorkommen: Gärten, Parks, Auwälder und Parklandschaft; häufig.

Lebensweise: Die Falter saugen keinen Nektar; ihr Rüssel ist stark zurückgebildet. Daher findet man sie meist in Ruhestellung irgendwo hängen; mitunter sogar in der Paarungshaltung fast zu einem Kreis geschlossen, den beide miteinander verbundenen Hinterleiber in der Mitte senkrecht teilen. Bei Störung werden die Augen »stoßweise« präsentiert. 1 Generation. Raupe s. S. 223.

J	F	M	A	M	J	J	A	S	O	N	D

§ *Amorpha populi* # Pappelschwärmer

3er-Check

1 Hinterflügel-Vorderrand ragt unter dem Vorderflügel nach vorn

2 Großer brauner Fleck im Hinterflügel

3 Welliger Flügelrand

Merkmale: Die bizarre Ruhestellung der Falter (Flügellänge bis 4,5 cm) mit unter den Vorderflügeln vorn vorstehenden Hinterflügeln ist so kennzeichnend, dass kaum eine Verwechslung möglich ist. Die Vorderflügel sind oberseits grau mit olivbraunen, welligen Bändern und einem dunkleren, recht breiten Mittelfeld, in dem ein weißer Punkt liegt. Auch die Hinterflügel tragen, bis auf den braunen bis rostroten Fleck am Innenrand, diese Färbung und Zeichnung. Der Körper der Falter ist einförmig grau wie die Pappelrinde im Gezweig. Obwohl die Flügel mit ihrem gewellten Rand und der breiten Fläche der Vorderflügel nicht so schnittig wirken, ist die Art ein guter, aber taumelnder Flieger.

Vorkommen: Auen und Mischwälder oder große Gärten und Parkanlagen mit Pappeln; häufig an Pappelpflanzungen.

Lebensweise: Die bizarre Flügelhaltung erinnert an übereinander geschobene Blätter von Zitterpappeln und bewirkt wohl auch die entsprechende Tarnung des in Ruhe ganz unauffälligen großen Schwärmers. Gestört bäumt er sich auf, zieht die Vorderflügel nach vorn und präsentiert die rotbraunen bis rostroten Flecke auf den Hinterflügeln, wobei er sich mehrfach auf und nieder bewegt.

J	F	M	A	M	J	J	A	S	O	N	D

Kiefernschwärmer *Hyloicus pinastri* §

2 1

3er-Check

1 Flügel grau, glatt und schnittig

2 3 dunkle »Längswische« im Vorderflügel

3 Hinterleib weiß-schwarz gebändert

3

Merkmale: Ausgeprägt langflügeliger, großer Schwärmer (Flügellänge 3,5–4 cm). Gesamteindruck dunkel bis schwärzlich. Die Flügelspitze »teilt« eine zackige dunkle Linie. 3 langgezogene schwarze Wische liegen dicht nebeneinander verschoben etwa in der Mitte der Vorderflügel. Einförmig dunkelgrau sind die Hinterflügel, aber am Rand entlang zieht sich, wie außen bei den Vorderflügeln, ein schmaler weißer Saum, den dunkle Streifen unterbrechen. Bei den schlankeren Männchen mit spitz auslaufendem Hinterleib ist die weiße Ringelung des grauschwarzen Körpers nicht so ausgeprägt wie bei den dickeren Weibchen.

Vorkommen: Lichte Nadel- und nadelholzreiche Mischwälder; auch große Gärten und Parkanlagen. Weit verbreitet, aber nicht häufig.

Lebensweise: Kiefern und Fichten, selten Lärchen, bilden mit ihren Nadeln die Nahrungsgrundlage der Raupen (s. S. 223), und die Falter findet man frisch geschlüpft entsprechend an Stämmen dieser Waldbäume tagsüber ruhend. Abends fliegen die Schwärmer zum Nektar trinken Seifenkraut, Geißblatt und andere Blüten an. Forstwirtschaftliche Bedeutung gering, da kaum Massenvermehrungen.

J	F	M	A	M	J	J	A	S	O	N	D

§ *Mimas tiliae* # Lindenschwärmer

3er-Check

1 Altrosa-lindgrüne Flügelfärbung

2 Großer, scharf begrenzter dunkler Doppelfleck auf dem Vorderflügel

3 Manche Falter hell rosabraun

Merkmale: Mit gewelltem Außenrand beider Flügel und der bizarren Zeichnung unverkennbarer Schwärmer mittlerer Größe (Flügel etwa 4 cm lang), an dem auch der lindgrüne Vorderkörper, der durch einen von hinten kommenden grauen Keil geteilt wird, auffällt. Neben dem markanten, eckigen dunklen Vorderflügelfleck liegt zum Innenrand hin ein entsprechender Fleck von fast quadratischer Form. Die Flecken können sich bandartig treffen und verschmelzen oder abgetrennt sein. Der kleinere ist oft auch so stark vermindert, dass er nur als Punkt übrig bleibt. Entsprechend vielfältige Formen bildet das Muster der Vorderflügel, das aber im Grundton in der Regel lindgrün ausfällt.

Vorkommen: Lindenalleen und große Gärten oder Parks; auch lichte Laubmischwälder und Auwälder. Der wenig auffällige Schwärmer ist nicht selten, stellenweise sogar häufig und weit verbreitet.

Lebensweise: Lindenschwärmer tarnen sich vorzüglich durch Farbe und Musterung der Flügel im Laub tragenden Geäst von Linden und anderen Laubbäumen, wie Ulmen, Birken und Kirschen, an denen ihre Raupen (s. S. 223) leben. Sie fliegen in der späten Abenddämmerung schnell, aber meist nicht ausdauernd.

J	F	M	A	M	J	J	A	S	O	N	D

117

Mittlerer Weinschwärmer

Deilephila elpenor §

2 **1**

1 Hinterflügel rot mit schwarzem Grund

2 Vorderflügel mit breiten olivroten Streifen

3 Körper unterseits intensiv rot

3er-Check

3

Merkmale: Trotz der olivgrünen, rot gestreiften Oberseite der Vorderflügel sehr rot wirkender Schwärmer mit deutlich geschwungener Spitze der Vorderflügel und stark zugespitztem Hinterleib. Aus der Vorderflügelspitze verläuft eine helle Trennlinie zum Innenrand und teilt geradlinig ein Randfeld ab (Unterschied zum Kleinen Weinschwärmer!). Im Vorderflügel befindet sich ein weißer Punkt. Der verwaschen-schwärzliche Innenteil des Hinterflügels ist nur bei stark ausgebreiteten Flügeln sichtbar. Oberseits verlaufen olivgrüne Bänder, von einer roten Mittellinie getrennt, über den Hinterleib. Flügel 3–3,5 cm lang.

Vorkommen: Offenes, sonniges Gelände; große Gärten und Parkanlagen, sonnenexponierte Hanglagen im Bergland. Auwälder und Waldlichtungen.

Lebensweise: Ausgeprägter Flieger in der Dämmerung, der im kolibriartigen Schwirrflug nektarreiche Blüten aufsucht und dann trotz seiner roten Färbung ziemlich dunkel wirkt. Vorkommen von Weidenröschen ziehen die Falter an, weil daran ihre Raupen (s. S. 224) leben. 2. Generation nur in warmen Sommern.

| J | F | M | A | M | J | J | A | S | O | N | D |

§ *Deilephila porcellus* # Kleiner Weinschwärmer

1

2

3

1 Zackiges braunrotes Band auf den kleinen Vorderflügeln

2 Band nach außen nicht glatt begrenzt

3 Körper unterseits blassrosa

3er-Check

Merkmale: Wirkt eckiger als der größere Vetter, der Mittlere Weinschwärmer. Ein kleiner Schwärmer (Flügel etwa 2,3 cm lang), der oberseits überwiegend gelbbraun bis olivbraun gefärbt ist und dessen Flügel fast zu kurz geraten wirken. Der kleine Hinterflügel trägt ebenfalls eine gelbbraune, ausgezackte Binde und hat nur wenig Schwarz am Ansatz. Über den Rückenteil des Hinterleibs erstreckt sich ein unscharfes, breites olivgrünes Band.

Vorkommen: Gebüschreiche Gärten und Parks, Auwaldränder und sonnige Lehnen oder Berghänge in mittleren Höhenlagen. Weit verbreitet und meist nicht selten. Bevorzugte Aufenthaltsorte sind Stellen mit reichlich Vorkommen von Weidenröschen (*Epilobium*-Arten) und Labkraut (*Galium*-Arten).

Lebensweise: Blütenbesucher in der Dämmerung, wo der kleine Schwärmer mit Taubenschwänzchen verwechselt werden kann, weil er im schwachen Licht wie diese dunkel wirkt. Er hat jedoch niemals den »gerade abgeschnittenen Schwanz« wie dieses. Die Raupen tragen große, auffällige Augenflecke, die sie bei Störung durch Zurückziehen des Kopfes verstärkt zur Wirkung bringen. Gleichzeitig zucken und schlagen sie mit dem Körper.

| J | F | M | A | M | J | J | A | S | O | N | D |

Hummelschwärmer *Hemaris fuciformis* §

3er-Check

1 Glasartig durchsichtige Flügel mit hervortretenden Adern

2 »Glasfenster« mit breitem purpurbraunem Band am Rand

3 Pollenhöschenartige gelbe Seiten des Hinterleibs

Merkmale: Hummelähnlicher, kleiner (Flügel gut 2 cm lang) und unauffälliger Schwärmer mit größtenteils glasklar durchsichtigen Flügeln. Diese »Glasfenster« sind von den Adern durchzogen und von einem breiten, auch die Hinterflügel erfassenden, purpurfarbenen Rand begrenzt (Unterschied zum ähnlichen **Skabiosenschwärmer**, *H. tityus!*). Über die Mitte des Hinterleibs verlaufen zwei rotbraune Bänder; der übrige Körper ist düster olivgrün. Aber an den Körperseiten sitzen gelblichweiße Borsten, die den Eindruck erzeugen, es wäre hier Pollen in den für Bienen bezeichnenden »Höschen« angesammelt. Die Vortäuschung einer Hummel oder einer anderen Stechimme wird damit bekräftigt.

Vorkommen: Sonnige Stellen in Auen, an Waldrändern und an Dämmen oder Randbereiche von Parks mit Vorkommen von Geißblatt-Arten. Die kleinen Schwärmer kommen vereinzelt bis mäßig häufig, oft jahrelang gar nicht vor.

Lebensweise: Tagflieger, der sogar in den Mittagsstunden blühende Pflanzen anfliegt und wegen seiner Hummelähnlichkeit oft übersehen wird. Der recht ähnliche Skabiosenschwärmer trägt über den Hinterleib einen »schwarzen Gürtel«.

J	F	M	A	M	J	J	A	S	O	N	D

§ *Macroglossum stellatarum* # Taubenschwänzchen

1

2

3

1 Hinterflügel gelb mit schmalem dunklen Rand

2 Vorderflügel dunkel mit brauner Wellenzeichnung

3 Schwarz-weiße »Höschen« am Hinterleib und »Taubenschwanz«

3er-Check

Merkmale: Wie ein kleiner Kolibri besucht das Taubenschwänzchen auch tagsüber, vorzugsweise aber abends nektarreiche Blüten und wird in der Tat oft mit diesen in Mitteleuropa natürlich nicht frei fliegenden Vögelchen verwechselt. Aus der Nähe betrachtet, was insbesondere gelingt, wenn es vor einer Blüte scheinbar unbeweglich in der Luft steht und den langen Saugrüssel zum Nektartrinken einführt, kennzeichnen das schwarz-weiße »Höschen-Muster« und der gerade »abgeschnittene« Hinterleib den kleinen Schwärmer. Seine 2–2,5 cm langen Flügel schlagen unsichtbar schnell.

Vorkommen: An Balkonblumen, im Garten an Phlox, draußen an Seifenkraut-Blüten und anderen reichlich Nektar liefernden Blüten in sonniger (Rand)Lage. Häufig, aber von Jahr zu Jahr große Unterschiede. Wanderfalter aus dem Mittelmeerraum.

Lebensweise: Wanderfalter, der sehr schnell fliegt und auch bei schöner kühler Witterung die Alpenpässe auf dem Rückflug im (Spät)Herbst überwindet. Die Raupen (s. S. 224) leben an Labkraut an sonnigen Zäunen. Die Falter fliegen tagsüber, in der Dämmerung und nachts. Sie wärmen sich gern an sonnigen Plätzen auf.

| J | F | M | A | M | J | J | A | S | O | N | D |

Wolfsmilchschwärmer
Hyles euphorbiae RL 3, §

Ber-Check

1 Fleckig grün-rosagraue Vorderflügel

2 Hinterflügel mit kräftigem Rot

3 Schwarz-weiße Körperseiten

Merkmale: Großer, kräftiger Schwärmer mit schnittigen, 3,5 cm langen Flügeln, über die ein breiter, sich zur Spitze hin verjüngender gelblicher Streifen zwischen einem zusammenhängenden moosgrünen und einem aufgelöst-fleckigen Band verläuft. Das Rot der Hinterflügel begrenzt nach außen ein schmales schwarzes Band, vor dem zusätzlich ein durchgehendes helles Flügelrandfeld liegt. Beim sehr ähnlichen **Labkrautschwärmer** *(H. galii)* treten in diesem Feld die Flügeladern deutlich hervor und das Rot im Hinterflügel ist auf einen fleckartigen Teil begrenzt. Am Vorderflügel ist bei dieser Art der gesamte Vorderrand dunkel moosgrün.

Vorkommen: Sonniges, trockenes und mageres Gelände an Hängen oder auf warmen Brachflächen mit Wolfsmilchgewächsen, an denen die Raupen (s. S. 224) leben. Lokal und recht selten geworden.

Lebensweise: Dämmerungs- und nachtaktiver Flieger, der in den Abendstunden nektarreiche Blüten anfliegt und auch weitere Wanderflüge unternimmt. Die Häufigkeit schwankt von Jahr zu Jahr. Die vom Raupenfutter (Wolfsmilch) auf den Falter übergegangenen Giftstoffe schützen alle Entwicklungsstadien. Manchmal mit 2. Generation im Spätsommer.

J	F	M	A	M	J	J	A	S	O	N	D

Plusia gamma **Gamma-Eule**

1 Typische Eulenfalterform

2 Zackige Borstenbüschel auf dem Vorderrücken

3 Kennzeichnendes »Gamma« auf den Vorderflügeln

3er-Check

Merkmale: Auffällige, tagfliegende Eule, die im Flug und im schwirrenden Blütenbesuch fast einheitlich graubraun wirkt und ohne markante Kennzeichen zu sein scheint. Doch bei näherer Betrachtung ist sie eindeutig an dem hell gelblichweißen, geschwungenen »Gamma« zu erkennen, das vom dunklen Mittelfeld absticht. Die Hinterflügel sind rauchgrau-schwärzlich mit breit verdunkeltem Außenbereich. Zur Unterscheidung von der recht ähnlichen *P. pulchrina* (die oberseits bunter und stärker gezeichnet wirkt) ist die Öffnung des Gamma-Zeichens bedeutsam: bei der Gammaeule weit-trichterförmig, bei *P. pulchrina* v-förmig schmal.

Vorkommen: Überall, wo es nektarreiche Blüten in geringer bis mittlerer Größe gibt. Ausgeprägter Wanderfalter, der in großer Zahl im Frühsommer aus dem Süden ein- und nach der Fortpflanzung im Hochsommer und Herbst mitunter in riesigen Mengen in den Mittelmeerraum zurückfliegt.

Lebensweise: Im Gegensatz zu den meisten Eulenfaltern tagsüber, auch bei leichter Bewölkung aktiv; eifriger Blütenbesucher. Mitunter auf Kleefeldern in großen Mengen an den Blüten. Fliegt auch oft abends elektrisches Licht an.

J	F	M	A	M	J	J	A	S	O	N	D

Schattenmönch *Cucullia umbratica* §

3er-Check

1 Vorderflügel aschgrau und langgestreckt

2 Nach vorn ragende, spitze Kapuze

3 Ockerfarbener »Wisch« im Vorderflügel

Merkmale: Schwierig zu bestimmende Art, weil es mehrere recht ähnliche Mönchseulen gibt, bei denen die grauen bis graubraunen Vorderflügel fast keine Zeichnung tragen. Kennzeichnend sind beim Schattenmönch die langgestreckten, nahezu schwärmerartigen Vorderflügel, über die sich ein deutlicher, aber unscharf abgegrenzter ockerbrauner Wisch wie ein Pinselstrich mit Wasserfarbe erstreckt. Die Flügel sind spitz und im Saumfeld finden sich sehr dünne schwarze, etwas weiß gerandete Striche. Hinterflügel des Männchens weißlich, mit dunklen Adern und Rand; beim Weibchen aber bräunlich. Flügellänge 2,5 cm.

Vorkommen: Gärten, Wiesen, Weiden, Hecken und anderes mehr oder weniger offenes und nicht zu feuchtes Gelände, wo die Raupen (s. S. 226) an zahlreichen krautigen Pflanzen fressen. Fast überall häufig, aber nicht auffällig.

Lebensweise: Tagsüber unbeweglich wie ein dürres Hölzchen oder abstehendes Stück Rinde in der Deckung sitzend; nachts aktiv und guter Flieger (Flügelschnitt!). Am ehesten an Holzwänden bodennah oder an alten Baumstümpfen am Waldrand zu entdecken. Die Falter werden von ultraviolettreichem Licht angelockt.

J	F	M	A	M	J	J	A	S	O	N	D

§   *Cucullia verbasci*   # Brauner Mönch

1 **2**

3

3er-Check

1 Breite helle Mittelzone im Vorderflügel

2 Dunkler Mittelstreif von der Kapuze zum Rücken

3 Bogenpaar am unteren Rand des Vorderflügels

Merkmale: Auch dieser Art ähneln 4 oder 5 weitere Mönchseulen. Der Braune oder Wollkrautmönch unterscheidet sich von ihnen durch die 2 kräftig hervortretenden gelblichen bogenförmigen Flecke im braunen unteren Teil des Vorderflügels, einen deutlich gewellten Vorderflügel-Saum und den scharf angrenzenden, hellen Wisch über dem dunkelbraunen unteren Flügelteil, der in die Flügelspitze ausläuft. Die braune Zone ist recht breit (gut 1/4 der Vorderflügel-Breite) und farbkräftig angelegt. Von ihr stammt auch die deutsche Bezeichnung. Flügellänge 2,5 cm.

Vorkommen: Steppenheiden, warme Hänge und Täler, steinige, sonnige Waldlichtungen, aber auch Gärten in warmen Regionen Mitteleuropas.

Lebensweise: Die recht auffälligen Raupen (s. S. 228) leben an Königskerzen, und das Vorkommen größerer Bestände dieser unübersehbaren Pflanzen ist die Voraussetzung für das Vorhandensein dieser tagsüber unauffälligen, rein nachtaktiven Art. Sie wird viel leichter über die Raupen an den Königskerzen nachgewiesen als über das Vorkommen von Faltern, die in der Regel nur sehr ultraviolettreiches Licht anfliegen.

J	F	M	A	M	J	J	A	S	O	N	D

Ypsilon-Eule *Agrotis ypsilon*

2 **1**

3

1 Flügel langgestreckt graubraun, etwa 2 cm lang

2 Spitzer schwarzer Keilstrich im Vorderflügel

3 Helle, seidige Hinterflügel

3er-Check

Merkmale: Der Flügelschnitt und der zum »Y« gedeutete, spitze Keilstrich, der auf dem Vorderflügel eher wie ein liegender Nagel zum Flügelrand hin gerichtet ist, kennzeichnen diesen Wanderfalter unter den Eulen. Die Art ist jedoch anders als die tagfliegende Gammaeule so gut wie ausschließlich nachts unterwegs. Vom Vorderflügelrand her reicht eine dunkle, innen etwas wellige Zone in den Flügel. Bei genauer Betrachtung ist auch zu erkennen, dass der »Nagelfleck« von einem fein umrandeten, nierenförmigen Fleck (Nierenmakel) ausgeht. Der Körper wirkt kräftig und ist mit einem dichten Schuppenpelz gut gegen die Einwirkung von Kälte geschützt, wenn die Ypsilon-Eule über hohe Alpenpässe fliegt.

Vorkommen: Kulturland und anderes offenes Gelände; auch Städte. Die Ypsilon-Eule fliegt im Frühsommer als Wanderfalter aus dem Süden ein. Die Nachfolgegeneration wandert vom Spätsommer bis weit in den Herbst hinein wieder zurück.

Lebensweise: Die Falter sind unauffällig, aber ihre Raupen werden, da nicht wählerisch und in manchen Jahren in großer Zahl an Gemüse und anderen Gartenpflanzen fressend, als Schädlinge angesehen. Doch bleibt der Schaden in aller Regel gering.

J	F	M	A	M	J	J	A	S	O	N	D

Agrotis exclamationis **Rufzeicheneule**

1

2er-Check

1 Flügel deutlich kürzer (1,5 cm) und rundlicher als bei Ypsilon-Eule

2 Sehr auffällige, dicke schwarze Zapfenmakel; kein Keilfleck an der Nierenmakel

2

Merkmale: Das dicke »Rufzeichen« kennzeichnet diese Art im Allgemeinen, aber einige ähnliche Arten machen die Hinzuziehung weiterer Kennzeichen wie den Schnitt der Flügel sowie auch die deutliche, unten dunkler gefüllte Nieren- und die helle, schwarz gerandete Ringmakel notwendig. Die weißen, nur am Rand schwach dunklen Hinterflügel sehen seidig aus. Die Falter laufen, am Tag entdeckt und gestört, flink und mitunter wie hüpfend umher und verschwinden ohne aufzufliegen rasch im Dickicht der Gräser.

Vorkommen: Gärten, Parks, Wiesen, grasige Hänge und anderes offenes und nicht zu nasses Gelände. Weit verbreitet und meist auch eine der häufigsten Arten der Eulenfalter. Nicht selten fliegen die Rufzeicheneulen auch Kunstlicht an.

Lebensweise: Tagsüber versteckt und schwer zu finden. Die Raupen leben an Wurzeln und Gräsern und Kräutern. Lockere, sandige Böden begünstigen ihr Vorkommen und manchmal auch eine massenhafte Vermehrung, die aber selten zu wirtschaftlichen Schäden führt. Für zahlreiche Vögel und andere von Insekten lebende Tiere sind die Raupen wie auch die Schmetterlinge eine bedeutungsvolle und ergiebige Nahrung. 1–2 Generationen.

J	F	M	A	M	J	J	A	S	O	N	D

Schwarze C-Eule *Rhyacia c-nigrum*

1 Typisch mittelgroßer Eulenfalter

2 Flaches schwarzes C im Vorderflügel

3 Weißer Kragenrand hinter dem
Kopf

3er-Check

Merkmale: Ein derbes, »gotisches« und liegendes »C« mit hellem,
ungezeichnetem Zentrum, das bis zum Vorderrand reicht, kennzeichnet diesen in jeder Hinsicht typischen, etwa 1,5 cm langen
Eulenfalter. Vor der Spitze des Vorderflügels liegt am Vorderrand
zudem noch ein weiterer, nach außen scharf abgegrenzter schwarzer Fleck. Die Hinterflügel sind gelblichweiß. Darin heben sich die
Adern zwar deutlich, aber nicht sehr auffällig ab. Vom Kopf zur
Brust verläuft ein »Halskragen« mit weißem Rand. Die Fühler sind
dünn und fadenförmig. Der Hinterleib endet stumpf und ragt meist
nicht über die zusammengelegten Vorderflügel hinaus.

Vorkommen: Einer der häufigsten Eulenfalter, auf den die Angabe
»überall« wirklich zutrifft.

Lebensweise: Die Raupen leben an krautigen Pflanzen ohne besondere Ansprüche. Sie werden in manchen Jahren recht häufig, ohne
aber Schaden zu machen. Dann fliegen die Falter abends in
erleuchtete Räume und umtanzen das Licht. An der Straßenbeleuchtung werden sie, wie die abgezwickten Flügel entkommener
Tiere zeigen, oft von Fledermäusen erbeutet. 2 Generationen überschneiden sich im Juli.

J	F	M	A	M	J	J	A	S	O	N	D

Monima gothica **Kätzcheneule**

1 Heller und mit kürzeren Flügeln als das Schwarze C

2 Fast L-förmiges schwarzes C im Vorderflügel

3 Kopf einfarbig bepelzt

3er-Check

Merkmale: Wegen der auffälligen schwarzen »gotischen« Zeichnung einem Schwarzen C ähnlich, aber von diesem klar verschieden durch die Form des C und ohne die auffällig helle Füllung seiner Öffnung. Davor am Vorderflügelrand zwei kleine, aber markante schwarze Flecke und unter dem C ein weiterer, kräftigerer. Im Vorderflügel-Randbereich heben sich helle, breite Bögen ab. Die Hinterflügel sind bräunlich bis ockerfarben; das Kopf- und Brust- stück ist graubraun und »dicklich«. Eine Verwechslung mit dem Schwarzen C kommt auch wegen der ganz anderen, im zeitigen Frühjahr gelegenen Flugzeit so gut wie nicht vor.

Vorkommen: Flussauen, Gärten und Parks mit blühenden Weiden, welche die Falter abends besuchen. Die Flussniederungen beson- ders häufig.

Lebensweise: Früh fliegende Falter, die mitunter schon Ende Februar aktiv werden und zu den häufigsten Besuchern blühender Weidenkätzchen gehören (Name!). Sie lassen sich sehr leicht von Licht anlocken. Die Raupen leben an verschiedenen Baumarten, darunter Pappeln und Eichen, aber auch an bodennahen Kräutern. Hauptaktivitätszeit der Falter ist Ende März.

J	F	M	A	M	J	J	A	S	O	N	D

Messingeule *Plusia tutti* §

1 Glänzende Messingfelder in der Mitte verbunden

2 Augeprägte Kragen- und Kapuzenbildungen am Kopf

3 Falls Messingfeld von brauner Binde getrennt: Zwillingsart *P. chrysitis*

3er-Check

Merkmale: 2 Arten verbergen sich bei fast gleichem Aussehen unter dem deutschen Namen Messingeule: Bei *P. tutti* sind die Flügel von 2 breiten messingglänzenden Bändern durchzogen, die in der Mitte einen deutlichen bis breiten Steg ausbilden. Bei *P. chrysitis* bleiben die Messingfelder voneinander getrennt. Auch im Flügelschnitt unterscheiden sich beide Arten merklich; die Vorderflügel sind bei *P. chrysitis* breiter. Untersuchungen mit Sexuallockstoffen haben eindeutig gezeigt, dass es sich um 2 verschiedene Arten handelt, auch wenn es gelegentlich zu Kreuzungen kommt. Flügellänge knapp 2 cm.

Vorkommen: Gärten, Parks, Grasland und buschige, offene Wälder. Weit verbreitet und häufig.

Lebensweise: Tagsüber ruhend; die Messingflächen glänzen und lösen dabei die Körperform bestens auf. Beide Arten fliegen in 2 Generationen, aber *P. tutti* ist *P. chrysitis* jeweils um 2–3 Wochen voraus. Die Raupen leben von verschiedenen Kräutern.

J	F	M	A	M	J	J	A	S	O	N	D

RL 4 *Phytometra festucae* **Schafschwingel-Goldeule**

1

1 Goldbraun mit Silbertropfen

2 Silbertropfen doppelt angelegt

2er-Check

2

Merkmale: Mit ihrer gelbbraunen bis goldgelben, von einem rötlichen Gitterwerk von Adern durchzogenen Grundfärbung und den so auffälligen und kennzeichnenden Silbertropfen ist diese Goldeule mit keiner anderen zu verwechseln. Lediglich ein sehr naher Verwandter *(P. putnami)* mit Hauptverbreitungsgebiet in Nordamerika sieht sehr ähnlich aus, hat aber andere Silberflecken. Der größere Innere trägt zudem einen aufsitzenden Nebenfleck. In der Gruppe der Goldeulen kommen weitere, sehr schöne Arten mit großen silber- oder goldglänzenden Flächen vor, die insbesondere an warmen Stellen mit der Schafschwingel-Goldeule den Lebensraum teilen können.

Vorkommen: Auen, Flussniederungen mit Dämmen oder Blößen, auch feuchte Täler und weitflächige Seeuferzonen. Lokal, aber nicht allzu selten.

Lebensweise: Die Falter sitzen tagsüber ruhig in den Gräsern; mitunter nicht besonders gut gedeckt. Sie fliegen in 2 Generationen in den frühen Nachtstunden, gern bei feuchtwarmer Witterung. Die Raupen leben an einer Vielzahl von Röhrichtpflanzen, wie Schwingel, Schwaden, Schwertlilien und Rohrkolben.

J	F	M	A	M	J	J	A	S	O	N	D

Malachiteule · *Calotaenia celsia* · RL 3

2er-Check

1 Typische Eulenform, 2 cm lang

2 2 große, malachitgrüne Flächen

Merkmale: Außergewöhnliche Färbung und Zeichnung kennzeichnen diesen Vertreter der Eulenfalter. Die beiden sehr großen, unregelmäßig, aber gerundet geformten hellgrünen bis malachitgrünen Flächen zerlegen die Form der Vorderflügel so sehr, dass der Eulenkörper nur bei genauer Betrachtung erkennbar wird; vor allem, wenn der Falter im grünbetonten Licht- und Schattenspiel ruht. Die Hinterflügel sind einförmig graubraun. Die Grünfärbung greift auch auf den Vorderkörper über und schließt ihn in die Formauflösung mit ein. Die Malachiteule ist von mittlerer Größe und erscheint spät im Jahr.

Vorkommen: Lichte, sonnige Kiefernwälder, Heideflächen oder trockene Stellen in Flussauen, vorwiegend auf Sandboden. Die Schwerpunkte liegen in der Lüneburger Heide und den küstennahen Regionen an der Ostsee sowie in Nordbayern. Die Art gilt mittlerweile als Rarität.

Lebensweise: Die Raupen leben an den Wurzeln von Landreitgras *(Calamagrostis epigeijos),* Rasenschmiele *(Deschampsia caespitosa)* und anderen Gräsern in sandigen Gebieten. Erst im September beginnen die Falter mit dem Flug, der bis Anfang Oktober dauert.

J	F	M	A	M	J	J	A	S	O	N	D

Brachinoycha sphinx **Sphinxeule**

3er-Check

1 Länglich-gerundeter Flügelschnitt

2 Kräftiger schwarzer Strich vom Flügelansatz nach außen

3 Flügel schuppig-grau

Merkmale: In Ruhehaltung durch die grob-schuppige, im Grundton schmutziggraue Oberseite der flach-dachförmig gehaltenen Vorderflügel sehr gut getarnt. Auch der haarige Vorderkörper in derselben Grundfärbung ist unauffällig. Die weißen, fein schwarz gerandeten Hinterflügel bleiben verdeckt. Von mehreren ähnlichen Arten durch den Flügelschnitt zu unterscheiden, der im Außenteil gerundet, in der Gesamtform aber gestreckt ausgebildet ist. Neben zahlreichen undeutlichen schwärzlichen Linien auf dem Vorderflügel ist insbesondere der stets kräftige, vom Flügelansatz ausgehende Strich kennzeichnend. Alle Striche sind nach außen gerichtet. Flügel gut 2 cm lang.

Vorkommen: Misch- und Auenwälder, große Gärten, Parks und Alleen, vorwiegend in den Niederungen, wo die Falter sehr spät im Jahr fliegen und vereinzelt bis mäßig häufig vorkommen.

Lebensweise: Die Raupen (s. S. 228) entwickeln sich an einer Vielzahl unterschiedlicher Bäume im Frühsommer. Aus den Puppen schlüpfen die Falter frühestens Anfang September. Die Hauptflugzeit bilden die Nächte, die auf »goldene Oktobertage« folgen.

J	F	M	A	M	J	J	A	S	O	N	D

Pfeileule *Acronycta psi*

2 **1**

1 Typische Eulenfalterform; Flügel flach gehalten

2 Dreizack-Pfeile im Vorderflügel

3 Ringmakel dirket mit kleinem Pfeil verbunden

3er-Check

Merkmale: Die 3 heimischen Arten der Pfeileulen sind schwer voneinander zu unterscheiden. Die häufigste, die Gewöhnliche Pfeileule, hat ungleichmäßig grob beschuppte, silbergraue Vorderflügel und weiße Hinterflügel. Durch den Halskragen verläuft kein schwarzer Trennstrich. Die dreizackigen Pfeilflecke sind deutlich ausgebildet und schwarz. Der an der glatt gerandeten Ringmakel ansetzende Pfeil hat keinen »Stiel«; dieser wäre bei der Zwillingsart *A. cuspis* ausgeprägt. Interassanterweise lassen sich die Pfeileulen-Arten anhand ihrer Raupen leicht voneinander unterscheiden.

Vorkommen: Kulturland: Gärten, Parks, Alleen, Gebüschränder und lichte Wälder; verbreitet und häufig.

Lebensweise: Die Falter ruhen tagsüber auf Baumstämmen oder an Mauern, wo Färbung und Zeichnung der Vorderflügel vorzüglich tarnen. Mitunter findet man sie aber auch auf unpassendem Untergrund. Dann heben sie sich als helle Dreiecke deutlich ab. Sie fliegen bei Berührung blitzschnell davon. Die Raupen (s. S. 227) leben an Blättern zahlreicher Laubbäume und Sträucher. Selten gibt es im August eine 2. Generation.

J	F	M	A	M	J	J	A	S	O	N	D

Panthea coenobita # Klosterfrau, Mönch

1 Schwarz-weiß gefleckte Vorderflügel

2 Kopf/Brust mit schwarz-weiß
gefleckter Kapuze

3 Nierenförmige Zeichnung im
Vorderflügel

3er-Check

Merkmale: Vorderflügel in der Grundfarbe weiß, aber durchzogen
von schwarzen, breit angelegten Querlinien und Mittelschatten.
Die Wellenlinien gleichfalls schwarz und breit nach außen
gezähnt. Die grauen Hinterflügel tragen dunkle Flecken. Alle Flügel mit schwarz-weiß gescheckten Fransen. Hinterleib oberseits
schwärzlich. Bezeichnend ist auch das würfelfleckartige Muster
auf dem Vorderrücken.

Vorkommen: Ränder von Fichtenwäldern, Schonungen und fichten-
reiche Parklandschaft. Im Mittelgebirge und in höheren Lagen
Süddeutschlands örtlich regelmäßig vorkommend, sonst gewöhnlich selten.

Lebensweise: Fichten-, Tannen- und Lärchennadeln, gebietsweise
auch Kiefernnadeln bilden die Nahrung der Raupen (s. S. 227), und
die Falter halten sich dementsprechend in Nadelwäldnähe auf. Im
Gegensatz zu den von Hochsommer bis Spätherbst aktiven Nonnen
(s. S. 149) fliegen sie früh im Jahr aus. Die Raupen findet man
manchmal am Fuß von Baumstämmen, wo sie sich in Bodennähe
oder im Oberboden verpuppen. Anders als die ähnlich aussehende
Nonne sind diese Eulenfalter keine Waldschädlinge.

J	F	M	A	M	J	J	A	S	O	N	D

Hausmutter *Noctua pronuba*

3er-Check

1 Kräftig und langflügelig (3 cm);
Normalform graubraun

2 Gelbe Hinterflügel mit schmalem
schwarzen Rand

3 Rotbraune Farbformen häufig

Merkmale: Unruhiger, kräftiger Eulenfalter mit massigem Körper und auffällig langen, jedoch abgerundeten Flügeln. Die Vorderflügelfärbung kann recht unterschiedlich ausfallen: Gebietsweise sind rotbraune Typen mit deutlicher oder nur schwach erkennbarer Nierenmakel am häufigsten, aber es gibt neben der »normalen« graubraunen Form mit deutlicher Zeichnung auch hellgelbe und graue. Kennzeichnend sind dann stets neben der Größe die hellgelben Hinterflügel mit der schmalen schwarzen Randbinde.

Vorkommen: Gärten, Parks und offenes Kulturland, Auen und lichte Laubwälder. Überall verbreitet und meist auch häufig.

Lebensweise: Die »Hausmütter« fliegen recht häufig abends ans Licht und umkreisen in reißendem, torkelndem Flug die Lampe. Sie setzen sich auch auf Wände in Gebäuden, suchen Bergwerksstollen und andere Höhlen auf. Gestört hüpfen sie ein Stück und versuchen, laufend Deckung zu gewinnen oder fliegen urplötzlich auf, wobei die gelben Hinterflügel aufblitzen. 1 Generation mit langer Raupenzeit (August bis Mai). Raupe s. S. 226.

J	F	M	A	M	J	J	A	S	O	N	D

Noctua fimbria **Gelbe Bandeule**

1 **2**

1 Groß, hell ockerfarben

2 Sehr breites schwarzes Band im gelben Hinterflügel

3 Feine Linienzeichnung auf dem Vorderflügel

3er-Check

3

Merkmale: Noch etwas größer als die Hausmutter, mit gewöhnlich hell ockerfarbenen Vorderflügeln, welche die intensiv gelben Hinterflügel mit dem breiten, glänzend schwarzen Band am Rand abdecken. Dieses wird bei Störung blitzschnell durch Vorziehen der Vorderflügel präsentiert. Das schwarze Band ist nach außen durch einen dottergelben Flügelrand begrenzt. Über die Vorderflügel verlaufen zumeist feine helle, aber deutliche Linien. Die fast gleich großen Ring- und Nierenmakeln sind gleichfalls fein hell gerandet. Sie bleiben im Grundton der Flügeloberseite. Vor der Flügelspitze kann ein kleiner schwarzbrauner Fleck ausgebildet sein. Bei der Gelben Bandeule ist der Hinterleib meist deutlich dicker als bei der Hausmutter und mit langen hellgelben Schuppen bedeckt.

Vorkommen: Gärten, Parks und warme Hänge, Lichtungen. Mäßig häufig bis selten.

Lebensweise: Himbeer-, Brombeer- und Schlüsselblumenblätter nutzen die Raupen vorzugsweise als Nahrung. Die Falter halten sich niedrig im Laubholzgebüsch, wo sie dank ihrer Tarnfärbung der Vorderflügel kaum auffallen, beim Abfliegen aber mit dem Gelb-Schwarz-Muster erschrecken.

J	F	M	A	M	J	J	A	S	O	N	D
					■	■	■	■			

Rotes Ordensband *Catocala nupta* §

2 **1**

1 Sehr groß (Flügel 3,5 cm); Hinterflügel rot mit schwarzer Binde

2 Stumpfes M im Vorderflügel

3 Spitzes M = Zwillingsart
Weidenkarmin *C. electa*

3er-Check

3

Merkmale: Sehr großer Eulenfalter mit breitflächigen Flügeln, die
in Ruhehaltung ein grau-rindenfarbenes Dreieck mit fast gleichen
Seitenlängen bilden. Die roten Hinterflügel bleiben verdeckt und
werden erst bei Störung blitzschnell sichtbar gemacht, ehe der Falter abfliegt. Eine kräftige schwarze, grob L-förmige Binde verläuft
durch das rote Innenfeld der Hinterflügel. Nach außen begrenzt
eine breite schwarze, schmal weiß gesäumte Binde den Hinterflügel. Hierin gleichen sich Rotes Ordensband und **Weidenkarmin** *(Catocala electa;* RL2. §) fast bis ins Detail, aber das Rote Ordensband hat
im deutlich gröber beschuppten, mehr braungrau gefärbten Vorderflügel ein stumpfspitziges, nicht besonders auffälliges M, während das des Weidenkarmin feiner und grauer bestäubt ist und ein
deutliches und stark zugespitztes M trägt.

Vorkommen: Auen, große Parkanlagen, in Flussniederungen und
feuchten Bachschluchten sowie offenen, gebüsch- und baumrei-
chen Kulturlandschaften. Nicht selten.

Lebensweise: Tagsüber ruhend. Im Flug fledermausartig gaukelnd,
aber ziemlich schnell. Die Falter lassen sich mit gärenden Säften
anlocken. Raupe s. S. 227.

J	F	M	A	M	J	J	A	S	O	N	D

RL 3, §   *Catocala fraxini*   # Blaues Ordensband

1 **2**

1 Sehr großflächige, grobschuppige Flügel (4,5 cm lang)

2 Hinterflügel von blauem Band durchzogen

3 Unterseite der Hinterflügel hellblau

3er-Check

3

Merkmale: Wie auch beim Roten Ordensband überdecken in Ruhestellung die großflächigen Vorderflügel den gesamten, sehr großen Eulenfalter, sodass ein rindenfarbenes Dreieck entsteht. Darin treten aufgrund der groben Beschuppung und kontrastreichen Zeichnung die spitzzähnigen Querlinien deutlich hervor. Auch eine nierenförmige Zeichnung in der Flügelmitte ist meist gut zu erkennen. Sicheres Kennzeichen bilden die dunklen, weiß gesäumten Hinterflügel, über die sich ein breites hell- bis graublaues Band erstreckt. Besonders die Weibchen haben einen recht dicken, aber nicht stark beschuppten Körper.

Vorkommen: Ränder alter Laubwälder, große, alte Parkanlagen, Flussauen und große, naturnahe Gärten. Weit verbreitet, aber vereinzelt im Vorkommen und in der Regel nicht häufig.

Lebensweise: Tagsüber an schattigen Stellen auf Baumstämmen oder an Zäunen ruhend. Bei Störungen wird das blau-schwarz kontrastierende Muster der Hinterflügel gezeigt, während der Falter rasch abfliegt. Flug erratisch. In der Abenddämmerung fledermausartig. Bis weit in den Herbst hinein aktiv. Raupen leben an Pappelarten.

| J | F | M | A | M | J | J | A | S | O | N | D |

Achateule *Trigonophora meticulosa*

1 Schmale, lange Vorderflügel mit markantem Muster

2 Flügel rippenartig hochgerollt

3 Dreieck-Zeichnung auf dem Vorderflügel

3er-Check

Merkmale: Wie seitlich zusammengedrückt wirkt dieser Eulenfalter in Ruhestellung der Flügel. Die Vorderflügel bilden dabei regelrecht eine Rinne. Mit ockerbrauner Grundfärbung und auffälliger Musterung mit so gut wie keinem anderen Schmetterling zu verwechseln, wobei das Dreieck inmitten der Vorderflügel typisch ist. Die Vorderflügelränder sind wellig gezackt. Oft ist im Dreieck ein weiteres, kleineres zu erkennen. Gezackte Haarbüsche auf dem Vorderkörper betonen den ungewöhnlichen Eindruck, der allerdings im Laub am Boden eine perfekte Tarnung darstellt. Etwa 2,5–3 cm lang.

Vorkommen: Gärten, Parks und Auen, feuchte Laubwälder und mitunter inmitten von Städten; häufig.

Lebensweise: Ausgeprägter Wanderfalter, der im Mai/Juni aus dem Süden einwandert und im Spätherbst nach Schlüpfen der neuen Generation über die Alpen zurückfliegt. Sehr guter und ausdauernder Flieger, obwohl die Flügel in Ruhehaltung fast fluguntauglich verkrüppelt aussehen. In manchen Jahren selten, in anderen sehr häufig. Die Raupen leben an Brennnesseln, Himbeersträuchern und anderen Pflanzen, werden aber nicht auffällig.

J	F	M	A	M	J	J	A	S	O	N	D

Scoliopteryx libatrix **Zackeneule, Zimteule**

1 Rotbraun, mit zackigem Flügelrand

2 Hell rotbraunes M mit weißen Punkten im Flügel

3 Winteransammlungen in Gebäuden

3er-Check

Merkmale: Eine doppelte, etwas gebogene helle Querlinie teilt den äußeren Teil der Flügel mit dem auffällig zackigen Rand ab. Eine weitere, einfache Linie quert im körpernahen Teil und durchschneidet das große helle M. Wie winzige Tröpfchen von weißer Lackfarbe liegen die weißen Punkte an diesem M. Im Vorderflügel treten die Adern deutlich hell hervor. Die Beine tragen im äußeren Teil weiß-braune »Ringelsöckchen«. Die Hinterflügel sind grau mit dunkler Mittellinie. Länge der Falter gut 2 cm.

Vorkommen: Gärten, Parks, Flussniederungen mit Auwäldern oder größere, sonnige Waldlichtungen; meist häufig.

Lebensweise: Die Falter sind auch am Tag recht aktiv. Sie stechen mit ihrem kräftigem Rüssel Himbeeren, Brombeeren und andere Beeren oder Früchte an und saugen den Saft. Sie sammeln sich zur Überwinterung gern in feuchten, kühlen Kellern oder Höhlen. Die Raupen leben an Blättern von Weiden und Pappeln. Die Falter überwintern und fliegen im Mai erneut.

| J | F | M | A | M | J | J | A | S | O | N | D |

Nessel-Schnabeleule *Hypena proboscidalis*

2 **1**

1 Ruhestellung breit-dreieckig; gerade Trennlinie in Flügelmitte

2 Weit vorgestreckter »Schnabel«

3 Vorderflügel wenig zugespitzt

3er-Check

3

Merkmale: Mittelgroßer, schlank gebauter Eulenfalter mit weit schnabelartig vorgestreckten Tastern; düster braun. Die Flügelspitze ist leicht sichelförmig ausgezogen, wird aber nicht durch eine schwarze Linie geteilt, wie bei anderen ähnlichen Arten. Eine außen heller angelegte Querlinie verläuft fast geradlinig zum Vorderflügelrand. Die Hinterflügel sind unscheinbar dunkelgrau.

Vorkommen: Gärten, Auwälder, Flussniederungen und Seeufer sowie sonstige feuchte, brennnesselreiche Gebiete; weit verbreitet und (sehr) häufig.

Lebensweise: Weit mehr als die unscheinbar braunen Schmetterlinge fallen ihre an Brennnesseln, Hopfen oder Geißfuß lebenden Raupen auf. Sie sind gelblich- bis dunkelgrün, mit grünlichweißen Rückenlinien und weißer Seitenlinie. Stellenweise kommen sie in sehr großer Häufigkeit vor. Die Falter fliegen tagsüber kaum, meist nur bei Störungen. Sie versuchen, sich an geschützten Stellen aufzuhalten. Im Flug wirken sie spannerartig. 2 Generationen, Wechsel im Juli/August.

J	F	M	A	M	J	J	A	S	O	N	D

Colocasia coryli **Haseleule**

1 Kleine, dickliche Eule; Flügel durch Farbunterschiede wie »zweigeteilt«

2 Vorderkörper dick pelzig

3 Kräftige dunkle Querlinie auf Vorderflügel

3er-Check

Merkmale: Kleiner, dickleibiger und pelziger Eulenfalter, der die Flügel in typischer Weise dachförmig über dem Körper zusammenlegt. Der helle Außenteil des Vorderflügels wird fast genau in der Flügelmitte durch eine vom Innenrand kommende, kräftige Querlinie vom dunklen Innenteil abgegrenzt. Der ruhende Falter wirkt daher wie in der Mitte quergeteilt. Im dunklen Innenteil hebt sich klein die hellere Ringmakel fast punktförmig ab. Die Hinterflügel tragen außer den deutlich hervortretenden Adern keine Zeichnung. Sie sind hell bräunlich gefärbt. Der Körper ist sehr dick bepelzt, vor allem im vorderen Bereich sodass diese Eule auch mit einem Vertreter der Spinner-Gruppe verwechselt werden könnte. Männchen mit doppelt-kammzähnigen Fühlern.

Vorkommen: Laub- und Mischwälder, große Gärten, Parks.

Lebensweise: Unauffälliger, gleichwohl meist häufiger Eulenfalter, der tagsüber ruht und wegen seiner farblichen Zweiteilung oft gar nicht als Schmetterling erkannt wird. Die Raupen (s. S. 227) leben von Blättern verschiedener Laubbäume, wie Linde, Eiche und Buche, sowie von der namensgebenden Hasel. 2 Generationen, die sich im Juni/Juli ablösen.

J	F	M	A	M	J	J	A	S	O	N	D

Hellrandige Erdeule *Rhyacia plecta*

2 **1**

1 Körperbau länglich; klein (Flügel knapp 1,5 cm lang)

2 Vorderrand der Vorderflügel markant aufgehellt

3 Helle, kleine Nieren- und Ringmakel

3er-Check

3

Merkmale: Diese kleine, im Gesamteindruck rötliche Eule ist am stark aufgehellten inneren Vorderrand der Vorderflügel leicht zu erkennen. Eine weiße, kräftig schwarz begrenzte Linie trennt den dunkleren, intensiver gefärbten hinteren Teil vom Vorderrand. Die Aufhellung endet teilweise schon an der kleinen, aber sehr deutlichen Ringmakel, vor der in Richtung Flügelspitze die nur wenig größere, gleichfalls aufgehellte Nierenmakel liegt. Innen sind die Makeln dunkel. Querlinien sind keine vorhanden. Die Hinterflügel sind weiß mit schwacher dunklerer Randbegrenzung. Bei zusammengelegten Flügeln wirkt die kleine Eule hinten wie abgeschnitten und recht rundlich.

Vorkommen: Gärten, Parklandschaft, Weideland und Flussauen, wo diese Erdeule fast stets sehr häufig vorkommt.

Lebensweise: Die Raupen leben unauffällig an Gräsern und Kräutern. Menschen finden die geschlüpften, am Tage nicht aktiven Falter selten. Aber sie sind gesuchte Nahrung für zahlreiche Vögel. Bei Gefahr lassen sie sich wie tot fallen und rollen sich oft auf die Seite, sodass sie mit einem Hölzchen verwechselt werden können. 2 ineinander übergehende Generationen.

J	F	M	A	M	J	J	A	S	O	N	D

Eupsilia satellitia **Satelliteule**

1

2

3

3er-Check

1 Kräftiger bräunlicher Eulenfalter

2 Nierenmakel mit zwei kennzeichnenden Satelliten

3 Außenrand der Vorderflügel gezackt

Merkmale: Verhältnismäßig langflügeliger, im Gesamteindruck bräunlicher Eulenfalter mit mehreren dunklen und hellen Querlinien über den Vorderflügel, auf dem nahe der Flügelmitte eine deutliche, nierenförmige Makel herausragt, die oben und unten jeweils einen kleinen »Satelliten« angelagert trägt. Die Makel kann weiß, gelb, braun oder rötlich gefärbt sein und die Satelliten haben oft, jedoch nicht immer dieselbe Farbe. Am Außenrand der Vorderflügel sind die Fransen gezackt und nach innen zu verläuft eine hellere Wellenlinie. Die Hinterflügel tragen eine gleichmäßig braungraue Beschuppung. In seltenen Fällen fehlt die Nierenmakel mit ihren Satelliten. Flügellänge etwa 2 cm.

Vorkommen: Fast überall im Kulturland, wo es Laubholz und Obstbäume gibt. Die Falter fliegen gern ans Licht und geraten dabei sogar bis in die Innenstädte. Sie überwintern oft in Gebäuden.

Lebensweise: Die Falter ruhen tagsüber. Sie sind bei Störungen recht flink und huschen laufend beiseite oder fliegen unvermittelt auf. Die Raupen leben an Linden, Weiden, Eichen, Ahorn und an den verschiedenen Obstbaumarten. Sie greifen auch andere Raupen an und verzehren diese (»Mordraupen«).

| J | F | M | A | M | J | J | A | S | O | N | D |

Schlehenspinner *Orgya antiqua*

2 1

3

> **1** Bogenförmige, rostbraune Vorder-
> flügel (hier Männchen)
>
> **2** Weißer Fleck im Vorderflügel
>
> **3** Weibchen wie grauer, flügelloser
> »Eiersack« (hier Eiablage)

3er-Check

Merkmale: Während die Männchen normal geflügelt sind, fehlen den sackförmigen, dick aufgetriebenen Weibchen die Flügel. Die rostbraunen Männchen hingegen fallen auch durch ihre großen, buschigen schwarzen Fühler auf. Kennzeichnend ist der runde weiße Fleck vor der hinteren Außenkante des Vorderflügels, der bei den zwar flach ausgebreiteten, aber zumeist weitgehend zusammengelegt gehaltenen Flügeln mit dem anderen einen Doppelfleck bildet. Dies könnte ein einfaches Augenmuster darstellen. Die Hinterflügel sind zeichnungslos und wie die Vorderflügel gefärbt.

Vorkommen: Hecken und Waldränder, buschiges Weideland sowie größere Parkanlagen und sonnige Hänge.

Lebensweise: Die Flügellosigkeit der Weibchen gleichen die Männchen mit erhöhter Flugaktivität aus. Sie orten die Lockstoffe abgebenden Weibchen mit den großen Fühlern. Gleich nach der Paarung, die dort stattfindet, wo das Weibchen aus der Puppe geschlüpft ist, legt dieses dicht aneinandergereiht die Eier ab. Die Raupen (s. S. 218) ernähren sich vom Blattwerk verschiedener Gehölzarten. 2–3 Generationen.

| J | F | M | A | M | J | J | A | S | O | N | D |

Dasychira pudibunda # Streckfuß, Rotschwanz

3er-Check

1 Vorderflügel mit 2 Querbinden, grob bestäubt (hier Weibchen)

2 Pelzige Vorderfüße werden in Ruhe nach vorn gestreckt

3 Männchen dunkler, Fühler stark gefiedert

Merkmale: »Weich« wirkender, dicklicher Falter mit grob geschuppten, hellgrauen (Weibchen) bis graubraunen (Männchen) Flügeln. In Ruhehaltung merkwürdig geradlinig nach vorn ausgestreckt gehaltenes Vorderbeinpaar, das den Faltern eine sehr kennzeichnende Körperform verleiht. Über die Vorderflügel verlaufen 2 fast gerade, dickliche braune Querlinien, die bei den hell beschuppten Weibchen viel stärker hervortreten als bei den dunkleren Männchen. Bei diesen ist oft ein 8-förmiger Fleck zwischen den Querlinien zu sehen. Hinterflügel des Weibchens weiß, beim Männchen hell und verwaschen bräunlich.

Vorkommen: Buchenwälder, buchenreiche Parkanlagen und große Gärten. Häufig; in manchen Buchenwaldgebieten so häufig, dass gelegentlich von Schäden durch Raupenfraß berichtet wird.

Lebensweise: Wie die ausgestreckt gehaltenen Vorderbeine für die Falter kennzeichnend sind, so ist dies das rote Borstenbüschel am Hinterende der Raupe (s. S. 218); daher auch der andere Name Rotschwanz. Neben den Rotbuchen nehmen die Raupen auch Hainbuchen, Birken und gelegentlich Eichen. Die pelzig-dicken Falter verhalten sich sehr träge und lassen sich kaum stören.

J	F	M	A	M	J	J	A	S	O	N	D

Schwammspinner *Lymantria dispar*

1	Männchen bräunlich dunkel mit deutlichen Bogenlinien
2	Weibchen weißlich, Bögen undeutlich; viel größer als Männchen
3	Weibchen bedeckt Gelege mit »Schwamm«

3er-Check

Merkmale: Die dunklen Männchen sind leicht an den großen, stark gefiederten Fühlern zu erkennen. Die Weibchen lassen erst bei genauerer Betrachtung die Art der feinen Linienzeichnung auf den Vorderflügeln erkennen: Quer über den Vorderflügel verlaufen 3 deutliche Bogenlinien sowie ein undeutlicher Mittelschatten, an dem ein c-förmiger schwarzer Fleck liegt. Die Öffnung des C ist nach außen gerichtet. Bei beiden Geschlechtern trägt der Außenrand der Vorderflügel markante schwarze Flecken. Den Körper bedeckt ein dichter Pelz langer Schuppenhaare; beim Weibchen ist der Hinterleib sehr massig und breit an der Spitze. Flügellänge gut 2 cm.

Vorkommen: Laubmischwälder und Obstgärten.

Lebensweise: Besonderheit dieses nachtaktiven, am Tag sehr trägen Spinners ist die Behandlung der Gelege durch das Weibchen: Es bedeckt die dicht gepackten Lagen Eier, die es oben im Gezweig absetzt, mit einer schwammartigen Schicht von Haaren. In manchen witterungsmäßig trocken-warm verlaufenden Jahren kommt es zu Massenvermehrungen und Schäden in Obstbaumkulturen. Raupe s. S. 219.

J	F	M	A	M	J	J	A	S	O	N	D

Lymantria monacha **Nonne**

1 Schwarze, z.T. spitze Wellenlinien auf weißem Grund (hier Weibchen)

2 Männchen mit stark gekämmten Fühlern

3 Schwärzlinge zeigen ebenfalls meist die typische Zeichnung

3er-Check

Merkmale: Die kräftigen, dunklen und scharf ausgebildeten Bogenlinien mit Zacken und Spitzen überziehen bei beiden Geschlechtern den Vorderflügel in kennzeichnender Weise (vgl. Klosterfrau, S. 135). Die Hinterflügel schimmern seidig auf dunkelgrauem Grund. An den Rändern tragen sie wie die Vorderflügel ein Würfelmuster. Verdunkelte bis fast schwarze Falter treten gebietsweise regelmäßig bis häufig auf (und werden als Form *eremita* bezeichnet, wenn die Zeichnung noch erkennbar bleibt, während die Form *atra* zeichnungslos verdunkelt ist). Der Körper ist kräftig behaart und bei den auch in der Flügelfläche deutlich größeren Weibchen erheblich dicker als bei den Männchen. Oft überzieht eine rötliche Tönung den Hinterleib. Flügellänge etwa 2 cm.

Vorkommen: Nadelwälder, vornehmlich im nordostmitteleuropäischen Tiefland, aber auch im Voralpengebiet verbreitet.

Lebensweise: Gefürchteter Schädling von Fichten- und Kiefernpflanzungen (Monokulturen), in denen es im Abstand von Jahrzehnten zu Massenvermehrungen mit Kahlfraß kommt. Dazwischen sind die Falter selten. Fichte, Kiefer und Lärche sind die Raupennahrung (s. S. 221).

J	F	M	A	M	J	J	A	S	O	N	D

Schwan *Porthesia similis*

2er-Check

1 Glänzend weiß mit schwarzem Doppelfleck; Körper sehr stark weiß beborstet

2 Goldgelbe Hinterleibspitze

Merkmale: Bis auf den kleinen dunklen Doppelfleck (nicht immer vorhanden!) am Innenrand des Vorderflügels ganz weiß. Die Flügel rundlich und durch die stark entwickelten Säume sehr weich wirkend. Bei leisester Berührung wird die Spitze des Hinterleibs hoch gebogen und eine goldgelbe Quaste öffnet sich. Vor allem die Männchen biegen die Hinterleibspitze fast senkrecht nach oben, Weibchen weniger stark. Die umfangreiche und lange weiße »Behaarung« des Körpers lässt den Schwan mit der Unterseite regelrecht zusammenfließen, sodass er auch bei schrägem Sonnenlichteinfall keinen Schatten wirft. Länge weniger als 2 cm. Das ähnliche, gleichfalls weiße **Goldafter** *(Euproctis chrysorrhoea)* ist dicker im Körper und bildet eine braungelbe bis braune Endquaste aus. Den Weibchen fehlen jegliche schwarzen Flecken im Vorderflügel, bei den Männchen sind sie dünn und weit auseinander.

Vorkommen: Gärten, Parks, lichte Laubwälder und Auen

Lebensweise: Die Falter ruhen tagsüber und fliegen nachts langsam und taumelnd. Sie versuchen meist gar nicht zu entkommen, sondern öffnen die Haarbüschel an der Spitze des Hinterleibs, was offenbar Feinde recht wirkungsvoll abschreckt. Raupe s. S. 219.

J	F	M	A	M	J	J	A	S	O	N	D

Thaumetopoea pinivora
Kiefern–Prozessionsspinner

1

2

1 Schwarzbraune Zeichnung auf grauen Vorderflügeln

2 Kennzeichnendes Liniengitter am Flügelrand

2er-Check

Merkmale: Kleiner, kräftiger Spinner mit kurz abgesetzt erscheinendem Hinterleib, weißen Hinterflügeln und kennzeichnender Musterung auf den grauen bis schwärzlichgrauen Vorderflügeln. Das Muster wird von den schwärzlich hervortretenden Adern und einer bräunlichen Querbinde erzeugt. Im inneren Teil des Vorderflügels liegen 2–3 weitere schwarzbraune Linien, die geschwungen H-artig miteinander verbunden sein können. Vorderkörper dick pelzig.

Vorkommen: Trocken-warme Kiefernwälder in der Norddeutschen Tiefebene, in Brandenburg und in der Lausitz; sonst selten.

Lebensweise: Die von Zeit zu Zeit unter günstigen Witterungsbedingungen auftretenden Massenvermehrungen machen diesen Prozessionsspinner zu einer in der Forstwirtschaft gefürchteten Art, weil die Raupen (junge) Kiefernwälder völlig kahl fressen können. Ist ein Baum entnadelt, kriechen sie hintereinander in langen Reihen zu Boden und suchen den nächsten. Die Raupen (s. S. 219) halten dabei direkten Kontakt zueinander und lassen sich sogar im Kreis führen, wenn man die Spitzenraupe vorsichtig zu der am Schluss laufenden lenkt. Daher der Name!

J	F	M	A	M	J	J	A	S	O	N	D

Wollafter *Eriogaster lanestris*

3er-Check

1 Sehr dicklich; wollige Hinterleibs-spitze

2 Weiße Zeichnung im Vorderflügel (hier Männchen)

3 Weiße Querlinie, leicht geknickt

Merkmale: Rötlichbrauner bis brauner, sehr dicklicher Falter mit auffallend »wolligem« Körperende, das vor allem bei den größeren, dickleibigen Weibchen ein Übergewicht des Hinterteiles zu verursachen scheint. Die Flügel fallen im Vergleich zum Körper klein aus und sind deutlich zugespitzt. Eine helle, leicht geknickt verlaufende Querlinie trennt etwa ein äußeres Drittel vom inneren ab, in dem 2 markante gelblichweiße bis weiße Flecken liegen. Der innere hat beim Männchen U-Form. Die dünnhäutig wirkenden Hinterflügel tragen die gleiche Grundfarbe wie die Vorderflügel, jedoch in hellerer Tönung und mit angedeuteter heller Querbinde. Flügellänge knapp 2 cm.

Vorkommen: Heidegebiete, sonnige, offene Schläge mit Jungwuchs in Wäldern oder offene Parkanlagen mit Birken, Schlehen, Linden und Weidengebüsch; auch an Alleen aus Linden.

Lebensweise: Die Raupen (s. S. 220) leben in beutelartigen, von den äußeren Zweigen in kennzeichnender Weise herabhängenden Gespinsten, die sie zur Nahrungsaufnahme verlassen. Bei Massenbefall fressen sie die Bäume kahl, was an Lindenalleen mitunter sehr auffällig wird. Die Falter fliegen früh im Jahr.

J	F	M	A	M	J	J	A	S	O	N	D

Dendrolimus pini **Kiefernspinner**

3er-Check

1 Groß, Vorderflügel mit breiten grauen Bändern (hier Männchen)

2 Weibchen größer, heller und undeutlicher gezeichnet

3 Gewellte Querlinien und dicker weißer Mittelpunkt

Merkmale: Großer, kräftig gebauter Spinner mit steil-dachförmig gehaltenen Flügeln, über die sich bei Männchen viel deutlicher als bei den größeren Weibchen breite graue und rindenbraune Binden erstrecken. Ihre Ränder werden von dunklen, deutlich gewellten Querlinien begrenzt. Vor der innersten liegt der dicke weiße Flügelmittelpunkt direkt am Beginn des inneren braunen Feldes. Männchen tragen stark gekämmte Fühler. Die Hinterflügel sind einförmig braun. Die Färbung der etwa 3 cm langen Vorderflügel kann stark variieren.

Vorkommen: Kiefernwälder in ganz Europa, jedoch nur stellenweise (Mitteldeutschland, England, Südeuropa) häufig.

Lebensweise: Die Männchen fliegen gelegentlich auch am Tage, meist aber nachts auf der Suche nach den sehr flugunlustigen Weibchen. Diese legen ihre Eier in Häufchen an Kiefernzweigen ab. Die Raupen (s. S. 219) leben von den Nadeln der Wald- oder Moorkiefern. Zu Massenvermehrungen kommt es selten; am ehesten jedoch in großflächigen Pflanzungen junger Kiefern.

| J | F | M | A | M | J | J | A | S | O | N | D |

Brombeerspinner *Macrothylacia rubi*

2 1

3

3er-Check

1 Männchen groß, rötlichbraun, gekämmte Fühler

2 Weibchen heller, Flügel breiter, dickerer Hinterleib

3 2 gerade helle Linien über die Vorderflügel

Merkmale: Großer, dickleibiger Spinner mit brauner (Weibchen) bis rötlichbrauner Färbung (Männchen). Außer 2 geraden Querlinien über die Vorderflügel keine Zeichnung, aber die Adern der Flügel treten deutlich hervor. Auf den gleichfarbenen Hinterflügeln fehlen die Querlinien. Der dick bepelzte Körper ist bei Weibchen sehr kräftig und im Hinterleib breiter als im Brustteil. Den Weibchen fehlen auch die kammförmigen Fiederungen an den Fühlern. Sie sind nur unter der Lupe als kleine Ansätze zu erkennen.

Vorkommen: Wegränder, Dämme, grasige Lichtungen oder trockene Hänge mit wenig Buschwerk und viel Brombeergerank. Weit verbreitet und häufig.

Lebensweise: Die Männchen fliegen am Tag. Ihr Flug ist schnell und reißend, sodass der große Falter lediglich als (dunkel)braun und kräftig empfunden wird. Die Weibchen bleiben meist im Gras oder Brombeergerank versteckt. Brombeer- oder Himbeerblätter und andere Pflanzen nutzen die Raupen (s. S. 220) als Nahrung. Obwohl die Art häufig ist, kommt es kaum einmal zu Massenvermehrungen.

J	F	M	A	M	J	J	A	S	O	N	D

Lasiocampa quercus **Eichenspinner**

1

2

1 Männchen groß, kräftig rotbraun

2 Weibchen noch größer, hellbraun bis gelbbraun

3 Gerade gelbe Linie und gelber Punkt

3er-Check

3

Merkmale: Groß, kräftig gebaut; Weibchen mit sehr dickem Hinterleib und rundlichen Flügeln; Männchen kräftig rotbraun und mit schnittigeren Flügeln. Kennzeichnend ist die kräftige, beim Männchen breit zum Rand hin ausfächernde gelbe Querbinde, zusammen mit dem inmitten des inneren Vorderflügelteiles liegenden weißen, schwarz gerandeten Punkt. Die gelbe Querlinie verläuft auch über die Hinterflügel. Männchen tragen stark gekämmte Fühler. Ihre Färbung variiert bis zu Dunkelbraun.

Vorkommen: Offenes, buschreiches Gelände, insbesondere in warmen Lagen; auch lichte Wälder oder Hänge. Weit verbreitet und zumeist häufig.

Lebensweise: Die Männchen fliegen am Tag; am eifrigsten bei Sonnenschein. Ihr Flug ist reißend und durch viele Zickzack-Wendungen gekennzeichnet. Meist verläuft er etwa 1 m hoch über der Vegetation. Die Weibchen sitzen im Gras und fliegen dichter über der Vegetation, in die sie einfach aus dem Flug heraus die Eier fallen lassen. Die Raupen (s.S. 220) sind dicht behaart und können beim Anfassen auf der Haut Verbrennungen verursachen. 1 Generation.

| J | F | M | A | M | J | J | A | S | O | N | D |

Grasglucke *Philudora potatoria*

1 Massiger, mittelgroßer Spinner; Weibchen hellgelb

2 Männchen gold- bis dunkelbraun

3 Schmale rötlichbraune Linie zur Flügelspitze

3er-Check

Merkmale: Durch die Zeichnung der Vorderflügel trotz sehr unterschiedlicher Färbung von Männchen und Weibchen eindeutig gekennzeichnet: Eine kräftige, fast gerade rotbraune Linie führt quer über den Vorderflügel in die Spitze hinein, die entgegen der sonst üblichen Verhältnisse beim Männchen rundlicher als beim Weibchen ausgebildet ist. Zwischen dieser Linie und dem Vorderrand liegen zwei kleine helle, schwarz gerandete Flecke. Eine weitere Linie quert zackig den Vorderflügel im Innenteil. Die Hinterflügel tragen die Grundfarbe der Vorderflügel und einen angedeuteten, bandartigen Schatten. Die Intensität der Färbung kann bei beiden Geschlechtern schwanken. Sie ist aber bei Männchen stets dunkler als bei Weibchen.

Vorkommen: Feuchte Niederungen, Flusstäler, Auen und Moore oder Schluchtwälder.

Lebensweise: Da die geschlüpften Falter häufig Tautropfen an der Vegetation aufsaugen, wird die Art auch »Trinkerin« genannt. Insbesondere die Männchen sind auf ihren kurzen Flügen »zittrig« und nicht annähernd so schnell wie die verwandten Tagflieger Eichenspinner und Brombeerspinner. Raupe s. S. 221.

J	F	M	A	M	J	J	A	S	O	N	D

Malacosoma neustria **Ringelspinner**

1 **2**

3

1 Hinterflügel schauen in Ruhestellung außen hervor

2 2 deutliche, gerade Querlinien

3 Grundfarbe gelbbraun; kurzer Körperbau

3er-Check

Merkmale: Kleiner, recht kurz geraten wirkender Spinner, bei dem in Ruhestellung die Ränder der Hinterflügel über den Vorderrand der Vorderflügel mehrere Millimeter breit hinausragen. Der Hinterflügelrand verläuft geradlinig, nicht gezackt! Die Grundfarbe der Flügel ist ein mittleres bis helles Gelbbraun, das von 2 geraden, recht deutlichen dunklen Querlinien unterteilt wird. Sie bilden zusammen im Mittelteil des Vorderflügels ein etwas dunkleres, breites Band. Dieses deutet sich schattenhaft-schwach auch auf den Hinterflügeln an, die die gleiche Grundfarbe wie die Vorderflügel tragen. Auch der Körper ist so gefärbt. Männchen sind kleiner als die Weibchen und haben gekämmte Fühler.

Vorkommen: Gärten, insbesondere mit Obstbäumen bestandene; lichte Laubwälder und größere Parkanlagen. Fast überall häufig.

Lebensweise: Die Weibchen setzen ihre Gelege ringförmig gereiht an dünnen Zweigen im Geäst ab; ein Verhalten, das der Art den Namen Ringelspinner eingetragen hat. Die Raupen (s. S. 220) werden mitunter an Obstbäumen durch starken Blattfraß schädlich. Forstlich sind sie ohne nennenswerte Bedeutung.

| J | F | M | A | M | J | J | A | S | O | N | D |

Kupferglucke   *Gastropacha quercifolia*   §

2 1

3

1 Bizarre, blattartige Flügelhaltung; groß

2 Wellig gezähnter Flügelrand

3 Flach ausgebreitete Flügelhaltung wird selten eingenommen

3er-Check

Merkmale: Eine der bizarrsten heimischen Schmetterlingsarten, die in der Ruhehaltung zusammengeklebte dürre, rotbraun gewordene Blätter so täuschend ähnlich nachahmt, dass es schwer fällt, diese Falter zu entdecken. Die rot- bis kupferbraune Grundfärbung der Flügel ist durch ein undeutliches, welliges Muster gegliedert. In der selten eingenommenen Normalhaltung mit flach ausgebreiteten und nicht über den Körper hochgezogenen Flügeln ist der wellige Rand beider Flügel bezeichnend. Die intensive Kupferfärbung unterscheidet die Art von der ansonsten recht ähnlichen **Pappelglucke** *(Gastropacha populifolia),* die zudem durch eine deutlich ausgezogene Flügelspitze gekennzeichnet ist.

Vorkommen: Obstgärten, Auen, Parklandschaften oder Alleen.

Lebensweise: Neben zahlreichen anderen Baumarten nehmen die Raupen (s. S. 221) auch das Blattwerk von Apfel- oder Birnbäumen, sodass sie mitunter in Obstanlagen Schäden verursachen, was aber in neuerer Zeit nicht mehr vorgekommen ist (Spritzungen?!). Die Falter sind wegen ihrer hervorragenden Nachahmung von Blättern sehr schwer zu finden, aber nicht selten.

J	F	M	A	M	J	J	A	S	O	N	D

Endromis versicolorea **Scheckflügel**

1

2

3

1 Groß, Flügel »bunt kariert« (hier Männchen)

2 Weibchen heller und größer (Flügellänge bis 4 cm)

3 3 markante Silberflecke in der Flügelspitze

3er-Check

Merkmale: Großer bis sehr großer (Weibchen) tagfalterartig wirkender und auch am Tag aktiver Falter mit kräftigem, behaartem und beim Weibchen sehr dickem Hinterleib. Adern und Querbinden erzeugen insbesondere auf den Vorderflügeln ein scheckiges Muster, das beim Männchen mit intensiveren Brauntönen kräftiger als bei den helleren Weibchen wirkt. 2 starke und 1 schwächer ausgebildeter, silbriger Fleck von halbovaler bis halbmondförmiger Gestalt liegen gereiht vor der Flügelspitze. Die Hinterflügel tragen ein kronenartiges Zackenmuster. Flügellänge 3–4 cm.

Vorkommen: Birkenwälder und Parks oder große Gärten mit Birken; insbesondere am Rand von Hochmooren.

Lebensweise: Die Falter fliegen früh im Jahr. Die Weibchen ruhen häufig wenig auffällig auf Stämmen, während die Männchen bei Sonnenschein in torkelndem Flug herumsuchen und mehr durch die Flugweise als durch das im Flug nicht deutlich genug erkennbare Flügelmuster auffallen. Die Raupen (s. S. 221) leben bevorzugt an Birken. Daher auch der Name Birkenspinner.

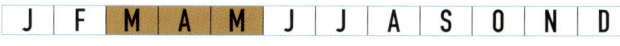

| J | F | M | A | M | J | J | A | S | O | N | D |

Kleines Nachtpfauenauge *Eudia pavonia* §

1 4 Augenflecke mit waagerechter »Pupille« (hier Männchen)

2 Hinterflügel der Weibchen grau

3 Rötliche Flügelspitze, helles Feld um das »Vorderflügel-Auge«

3er-Check

Merkmale: Nur mit dem erheblich größeren Wiener Nachtpfauenauge zu verwechseln. Wie dieses mit 4 kräftig hervortretenden Augenflecken, die eine waagerechte »Pupille« tragen und in einem hellen Feld liegen. Darüber befindet sich ein deutlicher »Lidschatten«. Beim Männchen sind die Hinterflügel intensiv braun bis rötlichbraun, beim Weibchen dagegen grau. Dieses ist noch gut ein Drittel größer als das Männchen und gehört zu den größten Faltern Mitteleuropas (Vorderflügel bis 3,5 cm lang). Eine rote, von innen mit weißem Strich durchzogene Flügelspitze sowie die hellen Felder um die Augen auf den Vorderflügeln unterscheidet das »Kleine« vom Wiener Nachtpfauenauge.

Vorkommen: Waldränder, lichte Kiefernwälder mit Heidekraut und Heidelbeeren, Schneisen und Lichtungen in warmen, sonnigen Lagen. Vereinzelt bis häufig.

Lebensweise: Die Männchen suchen tagsüber in stürmischen Zickzack-Flügen nach den am Boden im Heidekraut oder in anderen Zwergsträuchern sitzenden Weibchen. Die Raupen (s. S. 222) verpuppen sich in länglichen braunen Gespinsten, die sich beim Schlüpfen amphorenartig öffnen.

| J | F | M | A | M | J | J | A | S | O | N | D |

§ *Saturnia pyri* # Wiener Nachtpfauenauge

1 Größter mitteleuropäischer Falter
(Vorderflügel bis 7 cm lang)

2 Hinterflügel mit breitem
schwarzen Band vor hellem Saum

3 Flügelspitze mit gerundetem W

3er-Check

Merkmale: Der Flügelfläche nach größter Falter, der in Mitteleuropa vorkommt (anderer Name: Großes Nachtpfauenauge). Wie das Kleine Nachtpfauenauge durch 4 sehr kräftige Augenflecke gekennzeichnet, die jedoch ein leicht geschlossenes Lid andeuten. Unverkennbar ist neben der Größe der breite schwarze Randbereich der Flügel, der scharf gegen ein weißes bis schwach rötliches Saumband abgegrenzt ist. In die Vorderflügelspitze hinein verläuft eine schmale rötliche Linie, die sich gerundet W-artig vorschiebt. Voll ausgespannt erreichen die Flügel eine Spannweite von 15 cm bei großen Weibchen. Die Männchen sind etwas kleiner.

Vorkommen: Umgebung von Wien und südöstliches Mitteleuropa; in Südeuropa weit verbreitet und häufig.

Lebensweise: Die Falter fliegen nachts und dabei mitunter wie Fledermäuse zu starken Lichtquellen. Tagsüber ruhen sie versteckt im Gebüsch oder einfach unter vorspringenden Dächern an rauen Hauswänden im Schatten.

| J | F | M | A | M | J | J | A | S | O | N | D |

Nagelfleck *Aglia tau* §

3er-Check

1	Groß, 4 schwarzblaue »Augen«; Männchen gelbbraun
2	Weibchen viel heller; Flügelspitze ausgezogen
3	Nagelfleck auch auf der Flügelunterseite sichtbar

Merkmale: Großer, tagfliegender, schneller Falter, der im Flug intensiv gelbbraun wirkt und, wenn überhaupt, nur undeutlich die schwarzblauen Augenflecken erkennen lässt, die diese Art so unverkennbar machen. In jedem dieser 4 Flecke liegt ein weißes, nagelförmiges Gebilde, das der Art den Namen eingetragen hat. Der »Nagelfleck« ist auch auf der Flügelunterseite bei zusammengeklappten Flügeln sehr klar sichtbar. Männchen und Weibchen unterscheiden sich in Größe und Farbintensität: Die Männchen sind kleiner und intensiv gelb- bis orangebraun. Vor dem Flügelaußenrand verläuft eine deutliche dunkle Linie, die bei den Weibchen nur angedeutet in Erscheinung tritt. Deren Grundfärbung ist hellbraun bis gelblich. Flügel bis knapp 4 cm lang.

Vorkommen: Buchenwälder und buchenhaltige Mischwälder in fast ganz Europa.

Lebensweise: Die Weibchen ruhen bodennah an Stämmen oder im Gebüsch, während die Männchen reißende Suchflüge nach ihnen unternehmen. Sie verlaufen in zackigen, unregelmäßigen Bahnen knie- bis brusthoch über dem Boden, insbesondere an sonnigen Frühlingstagen. Raupe s. S. 222.

| J | F | M | A | M | J | J | A | S | O | N | D |

Notodonta ziczac **Zickzackspinner**

1

2

1 Mittelgroß, bräunlich, mit körper-
auflösendem Muster

2 Großer ringförmiger Fleck im
Spitzenteil des Vorderflügels

3 Dunkelbraune Wische in der
Flügelspitze

3er-Check

3

Merkmale: Eulenfalterartig wirkend, dickleibiger Zahnspinner,
der jedoch anders als viele seiner Verwandten die zahnartige
Zacke am Hinterrand der Vorderflügel nur angedeutet ausgebildet
hat. Kennzeichnend ist das Ringmuster im äußeren Drittel der Vorderflügel, das eine grob augenartige Wirkung erzeugt, zumal wenn
die Flügel weitgehend geschlossen nach rückwärts zusammengelegt über dem Körper gehalten werden. Dunkle, wischartige Striche reichen bis in die gerundete Flügelspitze. Die Grundfärbung ist
ein rindenartiges Braun; sie ist im zarthäutigen Hinterflügel
schwächer entwickelt. Der Körper wirkt verhältnismäßig lang.

Vorkommen: Flussniederungen, Auen, Moore und feuchtgründige
Parklandschaft sowie warme Laubwaldränder und -hänge.

Lebensweise: Der Name kommt von der bizarren Körperhaltung
der Raupe (s. S. 225). Die Falter verhalten sich unauffällig und fliegen nachts; mitunter ans Licht. Zu Boden fallend, liegen sie träge
mit schwirrenden Flügeln. 2 aufeinander folgende Generation, die
sich zwischen Juni und Juli ablösen.

| J | F | M | A | M | J | J | A | S | O | N | D |

Kleiner Gabelschwanz *Cerura bifida*

3er-Check

1 Helle Flügelteile durch dunkles Band getrennt

2 Querlinien und dunkles Band lösen Körperform auf

3 Mondförmige Zeichnung in der Flügelspitze

Merkmale: Grau-weißer, dickleibiger Falter mittlerer Körpergröße, aber geringer Flügelspannweite (Flügel knapp 2,5 cm lang), mit kennzeichnenden schwarzen Querbändern, die in der Mitte des Vorderflügels ein breites (dunkel)graues Band einfassen und dies zum Körper hin geradlinig und scharf abgrenzen. Am Saum eine Reihe kräftiger schwarzer Punkte. Die schwarze Linie unterhalb der Flügelspitze bildet mit dem davor liegenden, grauen Feld einen deutlichen »Viertelmond«. Im hellen Feld liegt ein länglicher schwarzer Fleck. Die weißen Hinterflügel zeigen eine schwach angedeutete dunkle Binde. Auch sie tragen feine schwarze Saumflecken. 2 weitere, sehr ähnliche Arten lassen sich durch den genauen Vergleich des Vorderflügelmusters unterscheiden.

Vorkommen: Gärten, Parks, Laub- und Mischwälder, Flussniederungen.

Lebensweise: Schwache Flieger, die gelegentlich ans Licht kommen und darunter herumtaumeln. Im Gelände schwer zu entdecken, obwohl meist häufig. Am ehesten fallen die Raupen (s. S. 225) auf, die an Zitter- und Schwarzpappeln sowie an Weidenblättern leben.

J	F	M	A	M	J	J	A	S	O	N	D

Dicranura vinula **Großer Gabelschwanz**

1 Groß, dickleibig; helle, fein gemusterte Flügel

2 In Ruhehaltung Flügel dachartig eng an den Körper gelegt

3 Tiefes Wellenlinienmuster auf den Vorderflügeln

3er-Check

Merkmale: Der große, massige Falter fällt sofort durch die zahlreichen schwarzen Linien auf, die sich in tiefen, engen Bögen über die Vorderflügel zwischen den ebenfalls kräftig und schwärzlich hervortretenden Adern ausbilden. Die hellgraue bis weißliche Grundfärbung erhält dadurch eine kennzeichnend dunkle Beimischung, die im Gesamteindruck ein unruhiges Grau erzeugt. Wenn unter den Flügeln nicht ganz verborgen, fällt auch der lange, massige, im Brustteil sehr dick bepelzte Körper auf. Der Hinterleib ist schwarzweiß geringelt. Weibchen tragen eine bräunliche Beimischung und wirken dunkler. Flügel 3,5–4 cm lang.

Vorkommen: Flussniederungen mit Weichholzauen, feuchte, lichte Wälder und große Parkanlagen. Häufig, aber wenig auffallend.

Lebensweise: Träge und flugunlustig; die Männchen fliegen nachts mit geringer Geschwindigkeit. Am Tag in Deckung; nicht selten in tiefen Rissen der Borke von Pappelstämmen sitzend. Dabei zeigt sich von der Seite ein bezeichnend hochrückiges Profil. Die Raupen (s. S. 225) sind weitaus bekannter wegen ihrer auffälligen, geschwungenen Schwanzgabel (Name!). Sie leben an Weiden, Zitter- und Schwarzpappeln.

J	F	M	A	M	J	J	A	S	O	N	D

Pappelzahnspinner *Pheosia tremula*

2 **1**

1 Breiter, geschwungener heller Wisch über die Flügel

2 Wisch zum Körper hin scharf schwarz begrenzt

3 Feine elfenbeinfarbene Linien am Vorderflügelrand

3er-Check

3

Merkmale: Mittelgroßer Nachtfalter, der seine Flügel dachförmig über dem Körper zusammenlegt. Der breite helle Wisch im Vorderflügel wird am Vorder- und Hinterrand scharf schwarz begrenzt, dabei zerlegt sich der Körper in längliche Teile unbestimmter Form. Der für Zahnspinner typische Haarkeil am Innenrand des Vorderflügels erzeugt eine kleine kapuzenartige Bildung über der Körpermitte. Die davon weglaufenden, schmalen weißen bis porzellanfarbenen Linien unterscheiden die Art von der nahe verwandten *P. dictaeoides,* bei der hier ein kräftiger weißer Keilfleck ausgebildet ist. Sonst gleicht sie dem Pappelzahnspinner.

Vorkommen: Flussauen, große Parkanlagen mit alten Pappeln, lichte Wälder.

Lebensweise: Ruht tagsüber unauffällig an den Stämmen von Pappeln, wo die Falter an der rissigen Borke schwer auszumachen sind. Flug nicht sehr kräftig, meist ziemlich geradlinig und insbesondere bei den Weibchen auch schwerfälliger. Die Falter fliegen in den frühen Nachtstunden gelegentlich ans Licht. Die Raupen leben an Pappelarten und Weiden. 2 Generationen, die sich im Juni/Juli ablösen.

J	F	M	A	M	J	J	A	S	O	N	D

Notodonta dromedarius **Erlenzahnspinner**

1 2

3er-Check

1 Dickleibig, mittelgroß, rötlich-braun

2 Kleiner, aber deutlicher rotbrauner Mittelfleck

3 Rotbraune Wellenlinie quert die Flügel

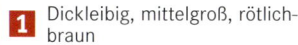

Merkmale: Klein wirkender, jedoch im Körper kräftiger Zahnspinner, dessen »Zahn« am Innenrand des Vorderflügels sehr deutlich vorspringt (anderer Name: Dromedarspinner) und in den hellgrauen Hinterflügel scharf abgesetzt hineinragt, wenn der Vorderflügel nach vorn gezogen wird. Deutlich sind bei näherer Betrachtung die rötlich gerandete Linie sowie der strichförmige Mittelfleck im Vorderflügel. In Ruhehaltung macht der Falter einen düster braunen Eindruck. Auch bei Männchen ist der Hinterleib ziemlich dick ausgebildet und sieht wie hinten abgeschnitten aus.

Vorkommen: Flussauen, feuchte Wälder, Erlenbrüche am Rand von Mooren und große Gärten oder Parkanlagen auf feuchtem Untergrund.

Lebensweise: Tagsüber versteckt ruhend und unauffällig. Fliegt in den frühen Nachtstunden und kommt dabei gelegentlich ans Licht. Färbung und Flügelhaltung tarnen die ruhenden Falter vorzüglich, sodass ihre tatsächliche Häufigkeit meist erheblich unterschätzt wird. Die Raupen (s. S. 225) leben von Birken-, Weiden-, Pappel- und Haselblättern. 2 Generationen mit »Pause« im Juni/Juli.

| J | F | M | A | M | J | J | A | S | O | N | D |

Kamelspinner *Lophopteryx camelina*

1 Zackig-bizarre Flügelform in Ruhehaltung

2 Flügel braunrot mit feiner Linienzeichnung

2er-Check

Merkmale: Brauner, einem dürren Blatt ähnlicher Falter mittlerer Größe, der mit eng zusammengelegten und damit hoch aufragenden Flügeln ruht. Die wellenförmigen Ränder und die zackig vorspringende Ecke des »Zahns« am Innenrand der Vorderflügel erzeugen den Eindruck eines dürren braunen Blattes. Auch die »Zähne« decken sich von jeder Flügelseite genau ab. Das feine schwarze Linienwerk der Flügeladern verstärkt die Blattähnlichkeit, da es wie die Blattrippen aussieht. Die heller braunen Hinterflügel tragen genau dort, wo der Zahn des Vorderflügels zu liegen kommt, eine schwarz-braune Ecke mit einer weißen Linie.

Vorkommen: Laubmischwälder, Flussniederungen und Auen, große, nicht zu trockene Parkanlagen sowie Ufergehölze von Seen.

Lebensweise: Die Blattähnlichkeit zeigt sich auch im Verhalten: Die Falter stellen sich bei Berührung tot und lassen sich fallen; auch auf die Seite, wo sie wie verklebte dürre Blätter liegen. Sie fliegen nachts; insbesondere bei warmem und leichtem Regen. Die »Zähne« an den Vorderflügeln bewirken den Eindruck zweier Kamelhöcker, wenn der Falter von der Seite betrachtet wird. 2 Generationen, die sich nicht überschneiden (Wechsel im Juni/Juli).

J	F	M	A	M	J	J	A	S	O	N	D
			▓	▓	▓	▓	▓				

Pterostoma palpinum **Schnauzenspinner**

1 Hell, bizarrer Flügelschnitt

2 Weit vorgestreckte Taster (Schnauze!)

3 Wirkt mit Büschel am Hinterleib wie Hölzchen

3er-Check

Merkmale: Nicht nur auf Baumrinde oder an einem lebenden Ästchen sitzend sieht der Schnauzenspinner wie ein abgebrochenes, dürres Aststückchen aus, sondern auch wenn er sich bei leichter Berührung abfallen lässt und sich seitlich zusammenrollt. Dann täuschen die feinen Linien und dunklen Pünktchen ein Rindenmuster vor, während der Körper, in die Flügel gehüllt, hölzchenrund geworden ist. Die beiden Endquasten an der Hinterleibsspitze könnte man für herausragende Bruchstücke des Hölzchens halten. Das ganze Gebilde ist dann 2,5–3 cm lang und bleibt bewegungslos für längere Zeit.

Vorkommen: Laubmischwälder, Auen, große Parkanlagen und offene, buschreiche Hänge. Weit verbreitet und häufig.

Lebensweise: Der Schnauzenspinner gehört zu den in Körperform, Färbung und Verhalten am besten getarnten Faltern, über seine Lebensweise ist wenig bekannt. Die Raupen ernähren sich von den Blättern zahlreicher Weichholzarten, insbesondere von Weiden, Pappeln und Erlen, aber auch von Eichenlaub. Die Falter fliegen wenig und nachts. Sie lassen sich durch Licht anlocken. 1 Generation bis Anfang Juni, die 2. folgt Ende Juli.

J	F	M	A	M	J	J	A	S	O	N	D

Mondvogel *Phalera bucephala*

2 **1**

3

1 Von der Seite gesehen wie ein abgebrochenes Hölzchen

2 Hellgelber, schwarz gerahmter Rundfleck an der Flügelspitze

3 Bei flach gehaltenen Flügeln gesichtartiges Muster

3er-Check

Merkmale: Einer der eigenartigsten Falter Mitteleuropas: Sehr kontrastreich silbriggrau und dottergelb im Vorderflügel gefärbt, aber dennoch durch Form und Verhalten außerordentlich gut getarnt. In Ruhehaltung rollt der Mondvogel die Flügel seitlich so zusammen, dass der Körper drehrund wird. Dabei schimmert die Außenfläche silbrig und fein gemustert. Dem großen gelben Rundfleck an der Vorderflügelspitze entspricht eine große gelbe Zone im Kopfbereich. Den eigentlichen Kopf zieht der Falter weit zurück, sodass genau wie das Hinterende auch das Vorderende wie abgebrochen aussieht (helles, gelbliches Holz innen, erlengraue Rinde außen!). Gestört breitet der Falter die Flügel flach aus und bewirkt damit plötzlich die Entstehung eines »Gesichtes« mit 2 großen, weit offenen Augen und einem hellen Nasenrücken.

Vorkommen: Gärten, Parkanlagen, Laubwälder und Auen. Weit verbreitet und nicht selten.

Lebensweise: Sehr unauffällig aufgrund der perfekten Tarnung. Die Falter sind dementsprechend schwer zu finden; am ehesten, wenn sie abends und in den frühen Nachtstunden ans Licht fliegen. Raupe s. S. 226.

J	F	M	A	M	J	J	A	S	O	N	D

Thyatira batis **Roseneule**

1

1 Klein, flach und mit großen hellen Rundflecken

2 Rosenflecke außen heller rosa, innen dunkler getönt

2er-Check

2

Merkmale: Kleiner, eulenfalterartiger Spinner mit flach gehaltenen, aber die Hinterflügel bedeckenden Vorderflügeln. Das große hellrosafarbene Fleckenmuster macht die Art unverwechselbar. Die Grundfarbe der Vorderflügel ist ein verwaschenes Olivgrün oder Braungrün. Die dunkel gefüllten Rosenflecke bilden über dem Rücken des ruhenden Falters ein verschnörkeltes X. Die Flügelform verläuft vom »stumpfen« Kopf gerundet nach hinten und die Außenränder der beiden Vorderflügel grenzen praktisch waagerecht aneinander.

Vorkommen: Gärten, Parks, Waldränder, Lichtungen und lichte Laubwälder mit Himbeer- oder Brombeergesträuch. Verbreitet und häufig.

Lebensweise: Nachts fliegend, aber auch am Tag bei Störungen leicht zum Auffliegen zu bringen. Das Rosenmuster tarnt sehr gut im Geranke der Himbeeren oder Brombeeren im Spiel von Licht und Schatten. Von deren Blättern leben die Raupen; gelegentlich auch an Gartenpflanzen, aber ohne Schäden zu machen. Die Sommergeneration (im August fliegend) ist meist recht unvollständig oder fehlt in Norddeutschland ganz.

J	F	M	A	M	J	J	A	S	O	N	D

Achat-Eulenspinner *Habrosyne derasa*

1

2

1 Porzellanartige Färbung und Zeichnung mit feinen doppelten Wellenlinien

2 Vorderflügelzeichnung bildet Dreiecke

2er-Check

Merkmale: Unverkennbar an der sonderbar porzellanartigen Wirkung der Färbung der Vorderflügel und ihrer feinen Zeichnung. Der kleine Eulenspinner trägt auf jedem Vorderflügel ein weißlich eingerahmtes, großes Dreieck. Diese Dreiecke sind so gelagert, dass die ruhenden Falter (Flügel hochgezogen) sie von der Seite, aber auch von vorn über den Kopf hinweg betrachtet zeigen. Bei ausgebreiteten Flügeln wird diese Dreieck-Zeichnung auch von oben sichtbar. Die Linien und Kringel auf den Vorderflügeln verstärken noch die Porzellanwirkung, deren Bedeutung nicht bekannt ist.

Vorkommen: Gärten, Parks, Waldränder und von Brombeeren überwachsene Hänge oder Triften, Lichtungen, Bahndämme.

Lebensweise: Auch tagsüber recht aktiver Falter, der mit zitternden Flügeln kurz Rast macht und erst bei völliger Beruhigung in die Tarnhaltung mit hochgezogenen und dachförmig zusammengelegten Flügeln übergeht. Fliegt nicht selten in den frühen Nachtstunden ans Licht. Die Falter saugen mitunter an reifen Himbeeren. Die Raupen leben an Blättern von Brom- und Himbeere.

J	F	M	A	M	J	J	A	S	O	N	D

Cossus cossus **Weidenbohrer**

1 **2**

1 Dick und sehr groß (Flügel bis über 4 cm); grau marmoriert

2 Schwarze Linie hinter dem Kopf

3 Sehr massiger Hinterleib

3er-Check

3

Merkmale: Das Rindenmuster der großen, rundlichen Flügel wie auch die Massigkeit des Körpers kennzeichnen den Weidenbohrer eindeutig. Die schwarze, hell eingefasste, bogenförmige Linie auf dem Rücken, die in der Mitte hell geteilt wird, sieht bei Betrachtung schräg von hinten wie ein leicht geöffnetes Augenpaar aus. Ansonsten tarnt das von feinen, zerrissenen schwarzen Linien gebildete Rindenmuster perfekt. Dabei rollt der Weidenbohrer die Flügel halb zusammen und sieht in dieser Ruhehaltung wie der Ansatz eines Ästchens aus, das oben abgebrochen ist.

Vorkommen: Auen und Niederungen mit alten Bäumen oder Kulturen von Weiden, Pappeln, Ulmen oder anderen Weichhölzern und Laubbäumen. Nicht selten, aber meistens kaum bemerkt.

Lebensweise: Die Raupen (s. S. 226) sehen bei grober Betrachtung wie kleine rötliche Würstchen aus und leben jahrelang in den Saft führenden Schichten zwischen Borke und Splintholz, bis sie sich verpuppen. Sie riechen bezeichnend nach Holzessig und gelten bei starkem Auftreten in Baumkulturen als Schädlinge. Die trägen Falter schlüpfen nach der letzten Überwinterung der Raupe im Frühsommer. Sie ruhen tagsüber an den Stämmen.

J	F	M	A	M	J	J	A	S	O	N	D

Hopfen-Wurzelbohrer *Hepialus humuli*

1 Männchen silberweiß, langflügelig

2 Weibchen gelblich

3 Dottergelber Kopf

3er-Check

Merkmale: Mittelgroße, langflügelige »Motte«, die durch ihren besonderen Flügelschnitt mit sehr langgezogener Spitze und die dachförmige Flügelhaltung auffällt. Männchen und Weibchen sehr verschieden; man könnte sie für unterschiedliche Arten halten. Bei beiden sind Kopf und Brust dottergelb und pelzig und sie halten in Ruhe die Flügel ziemlich steil dachförmig zusammengelegt. Der Körper bleibt darunter verborgen. Flügel bis 3,5 cm lang.

Vorkommen: Der auch »Geisterspinner« genannte Hopfen-Wurzelbohrer kommt in Flussauen, feuchten Tälern oder feuchten Waldlichtungen, stellenweise auch in der Parklandschaft vor. Das Vorkommen ist nicht an Hopfen gebunden!

Lebensweise: Auffällig »hüpfende« Schauflüge in der Abenddämmerung kennzeichnen das Verhalten der Männchen, die dabei oft in Gruppen fliegen und einen »geisterhaften« Eindruck erwecken, wenn sie aus dem sich bildenden Bodennebel auftauchen und darin wieder verschwinden. Ihre Häufigkeit nimmt jedoch seit Jahrzehnten vielerorts stark ab. Die Raupen leben an Wurzeln von Löwenzahn, Ampfer, Hopfen Huflattich und anderen krautigen Pflanzen.

J	F	M	A	M	J	J	A	S	O	N	D

Zeuzera pyrina **Blausieb**

1

2

1 Langgestreckter, schwarz betupfter, dicklicher Falter mit schnittigen Flügeln

2 6 große würfelförmige schwarze Flecken auf dem Rücken in 2 Reihen

2er-Check

Merkmale: Eigenartig geformter Schmetterling, der erheblich zu kopflastig gebaut erscheint. Ein dichtes Muster aus rundlichen bis quadratischen schwarzen Flecken bedeckt Flügel und Vorderkörper. Der schwarze Hinterleib bleibt von den schmal-dachförmig zusammengelegten Flügeln bedeckt. Über die weißpelzige Oberseite des Brustteils zieht eine Doppelreihe von jeweils 3 kräftigen, durch die Behaarung würfelartig-räumlich hervortretenden schwarzen Flecken. Die Flügel werden zum Außenrand hin glasig und sehen stets abgenutzt aus. Besonders bei den Weibchen mit ihrem langen, kräftigen Hinterleib wirken die Flügel zu klein geraten, um den Körper zu tragen. Flügel bis 3 cm lang.

Vorkommen: (Obst)Gärten, Auwälder, Baumschulen; vereinzelt bis selten.

Lebensweise: Die Raupen bohren in jungen Stämmen oder bis armdicken Ästen verschiedener Laubbäume, darunter auch Apfel- und Birnbäume. Die Falter biegen bei Berührung den Hinterleib hakenförmig und lassen sich dabei auf die Seite fallen. Sie fliegen wenig und unbeholfen.

J	F	M	A	M	J	J	A	S	O	N	D

Sichelspinner *Drepana falcataria*

1 Sichelförmige Flügelspitze

2 Dunkle Trennlinie verläuft in die Flügelspitze

3 Ringförmiger Fleck im Vorderflügel mit H

3er-Check

Merkmale: Spannerartiger kleiner Falter (Flügel gut 1,5 cm lang) mit kennzeichnender Flügelform und -haltung, wobei die sichelförmig geschwungene Spitze des Vorderflügels nach rückwärts gerichtet ist. Die rötlich-dunkle Line, die in die Flügelspitze hineinzieht, trifft in der Ruhehaltung die entsprechende Linie des anderen Flügels und erzeugt damit den Eindruck, dass 2 Flügel übereinander liegen würden und das untere Paar hervorragt. Tatsächlich aber bleiben die helleren, von dünnen Bogenlinien durchzogenen Hinterflügel völlig verdeckt. Im Vergleich zu einigen weiteren verwandten Sichelflügler-Arten kennzeichnet der deutliche Ringfleck mit der H-Zeichnung diese Art eindeutig.

Vorkommen: Gärten, Parklandschaft, Laubwälder und Auen; vorzugsweise in feuchterer Lage. Verbreitet und stellenweise nicht selten.

Lebensweise: Die Falter ruhen tagsüber mit flach auf die Unterlage gedrückten Flügeln, wobei sich auch der Körper kaum abhebt. Sie fliegen, aufgescheucht, gaukelnd und tagsüber unsicher. Nachts fliegen sie mitunter ans Licht. Sie fallen wenig auf und ihre Häufigkeit wird meistens unterschätzt. Die Raupen leben an Büschen von Erlen und Birken. 2 sich ablösende Generationen.

J	F	M	A	M	J	J	A	S	O	N	D

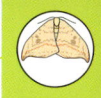

Drepana lacertinaria **Eidechsensichler**

1

1 Klein, bräunlich, zackige Sichel und weitere Ausbuchtungen

2 2 Linien queren fast parallel den Vorderflügel

2er-Check

2

Merkmale: Blattähnlich braun, grau überstäubt und grob beschuppt im Vorderflügel, der unter der sichelartig ausgezogenen Spitze noch mehrere Ausbuchtungen trägt. Darin unterscheidet sich die Art eindeutig von allen anderen im Gebiet vorkommenden Arten von Sichelflüglern. Die beiden rötlich-dunklen, dünnen, aber kräftigen Querlinien verlaufen fast parallel zueinander und die äußere biegt vor dem Vorderflügelrand nach innen ein wenig zurück. In die Flügelspitze führt keine Linie hinein. Die Hinterflügel sind seidig hell, mit etwas dunklerem Außenbereich.

Vorkommen: Birkenmoore, Mischwälder mit Birken und Erlen, Flussauen. Weit verbreitet, aber lokal in den Vorkommen und meist nicht häufig.

Lebensweise: Tagsüber mit zurückgelegten, ein grobes Dreieck bildenden Flügeln an Baumstämmen oder Stubben ruhend. Hängen die Falter frei, drehen sie die Flügel nach Art verdorrender Blätter nach innen. Die Blattähnlichkeit ist ihre Tarnung. Nachts fliegen sie, jedoch langsam und wenig zielstrebig. Sie kommen selten ans Licht. Die Raupen leben von Birken- oder Erlenblättern. 2 Generationen von Ende April bis Ende Juni und Ende Juli bis August.

| J | F | M | A | M | J | J | A | S | O | N | D |

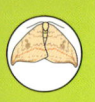

Hornissenschwärmer *Aegeria apiformis*

3er-Check

1 Wespenähnlich: großer gelb-schwarzer Körper

2 Glasklar durchsichtige, »häutige« Flügel

3 Dicke, hörnerartige Fühler

Merkmale: Zunächst kaum als Schmetterling zu erkennen, so wespenartig sieht dieser auch Bienenschwärmer genannte, zur Familie der Glasflügler gehörende Schmetterling aus. Auch im Verhalten ähnelt er den gefährlichen stechenden Wespen. Der Hinterleib ist höchst markant gelb-schwarz oder blauschwarz geringelt und wird auch regelrecht bei Gefahr »präsentiert«. Die glasklar durchsichtigen Flügel tragen jedoch, genauer betrachtet, einen umlaufenden, bräunlichen Saum. Auffällig ist auch ein dreieckig ausgebildetes, sattgelbes Muster auf der Vorderbrust, das die gelbe Kopfkappe ergänzt. Bemerkenswert wespenähnlich sehen zudem die Fühler aus. Die Nachahmung von Wespen (trotz des Namens eher von diesen als von Hornissen) ist so vorzüglich, dass sicherlich sehr oft vorbeifliegende Hornissenschwärmer gar nicht als solche erkannt werden (können). Sie sind jedoch mit etwa 2 cm deutlich größer als die gelb-schwarzen Wespen und fliegen schneller.

Vorkommen: Auen, Pappelalleen und -kulturen, Parklandschaft.

Lebensweise: Die Raupen bohren in Ästen und Trieben von Schwarzpappeln, Zitterpappeln oder Weiden. Die Falter bemerkt man nur, wenn man mit ihnen »rechnet« und auf sie achtet.

J	F	M	A	M	J	J	A	S	O	N	D

Calothysanis amata
Syn.: *Timandra griseata*   **Rotrandspanner**

1 Kräftige rote Linie quert geradlinig die in Ruhehaltung ausgebreiteten Flügel

2 Rot gesäumte Flügelränder, Hinterflügel mit Zackenspitze

2er-Check

Merkmale: Kleiner Falter mit ziemlich großen, in Ruhe flach ausgebreiteten Flügeln von ockergelbem bis hell bräunlichem Grundton und rötlicher »Bestäubung«. Die Vorderflügel werden so weit zurückgelegt gehalten, dass die kräftige rote Linie, die sich über die Flügel erstreckt, genau quer zur Körperachse eine Gerade bildet. Die Hinterflügel treten darunter mit ihrer Zackenspitze hervor. Sie sind, wie auch der Außenrand der Vorderflügel, kräftig rot gesäumt (Name!). Eine schmale dunkle, etwas zackige Binde durchzieht die Flügel in der Mitte zwischen der roten Linie und dem Rand. Vorderflügel etwa 1,5 cm lang.

Vorkommen: Gärten, Parklandschaft, Auen; vornehmlich in feuchterer Lage. Überall verbreitet und meistens sehr häufig.

Lebensweise: Die Falter ruhen am Tag auf Blättern, fliegen aber mitunter auch umher, insbesondere bei feucht-warmer Witterung oder nach leichten Regenfällen. Nachts sind sie jedoch voll aktiv und fliegen nicht selten auch ans Licht. Die Raupen leben an Ampfer-Arten. 2 Generationen, die im Juli wechseln.

| J | F | M | A | M | J | J | A | S | O | N | D |

Grünes Blatt *Geometra papilionaria*

Merkmale: Der zart bis kräftig grüne Spanner trägt die Farbe der Blätter, auf denen er ruht und wird dadurch schon auf geringe Entfernung nahezu unsichtbar. Über die Flügel, die in Ruhe breit ausgestreckt und sich nur teilweise überdeckend gehalten werden, ziehen feine weiße Wellenlinien, die mitunter regelrecht zackig ausfallen. Zwischen der äußeren Linie und dem Flügelrand markiert eine Reihe weißer Punkte eine weitere Linie. Die Flügel sind ganz fein und schmal weiß gesäumt. In der Spitze gibt es keinen roten Streifen oder Randbereich, wie bei einigen anderen, kleineren grünen Spannern.

Vorkommen: Wiesen und offenes Buschland, Gärten, Hochmoore, Ränder von Laub- und Mischwäldern in feuchter Lage. Meist nicht selten, aber in den Vorkommen einzeln bis zerstreut.

Lebensweise: Die Falter ruhen auf Blättern mit ausgebreiteten Flügeln. Sie verblassen mit der Zeit; schon einwöchige Falter sind deutlich heller und »verwaschener«. Genaue Betrachtung lässt keine bedeutenden Schuppenverluste erkennen: Das Grün ist nicht lichtecht. Die Raupen (s. S. 228) leben am Laub von Birken, Erlen, Haseln, Linden oder Weiden.

J	F	M	A	M	J	J	A	S	O	N	D

Ourapteryx sambucaria **Nachtschwalbenschwanz**

1

2er-Check

1 Groß; zartgrünlich-weiße Flügel, 2 Linien über den Vorderflügel

2 Schwalbenschwänzchen mit rotem Auge

2

Merkmale: Auffallend großer, sehr heller Spanner, der die Flügel meist so ausgebreitet hält, dass sie ein Dreieck bilden, dabei der Unterlage flach aufliegen und die schwänzchenartigen Spitzen der Hinterflügel hervortreten. Diese bilden aufgrund ihrer kleinen rötlichen Augenflecke einen falschen Kopf am anderen Körperende. Der bei den Weibchen dicke, bei Männchen schlankere Hinterleib bleibt von den Flügeln ganz verdeckt. Die dunklen, rötlich getönten Querlinien laufen in Ruhehaltung aufeinander zu und gliedern die hellgelbe Dreiecksfläche. Vorderflügel bis 2,5 cm lang.

Vorkommen: Gärten, Parks, Auwälder, feuchte Laubwaldränder mit Holundergebüsch oder Waldreben und anderem, dichtem Buschwerk; vereinzelt bis häufig.

Lebensweise: Fliegt nachts und ruht am Tag an schattigen Stellen; mitunter an Hauswänden unter vorspringendem Dach oder als heller Fleck an Baumstämmen. Ihre Größe macht sie auffällig, doch nicht leicht als Falter erkennbar. Die Raupen leben an Schwarzem Holunder, Efeu oder Waldreben, wurden aber auch an anderen Baum- und Straucharten gefunden.

| J | F | M | A | M | J | J | A | S | O | N | D |

Fleckenspanner *Lomaspilis marginata*

1

1 Dunkle Fleckung auf weißem Grund, löst die Körperform auf

2 Manche Varianten mit wenig oder gar keinen Mittelflecken

2er-Check

2

Merkmale: Mit dem besonderen Zeichnungsmuster unverkennbarer Spanner, der beim Ruhen die Flügel ziemlich weit ausgestreckt hält. Dabei bilden breite, geschwungene dunkle Randbereiche zusammen mit dem weitgehend dunklen Körper ein kennzeichnendes Muster mit glänzend weißem Innenteil. Das Ganze sieht aus wie ein Klecks, den ein Vogel hintergelassen hat. »Vogelschmeißfalter« wird die Art deshalb auch genannt. Unter den kleinen Faltern gehört sie mit gut 1 cm Flügellänge zu den Größeren.

Vorkommen: Gärten, Parks, Laub- und Mischwälder, Gebüschränder; vorwiegend in feuchterer, zumindest zeitweise schattiger Lage. Weit verbreitet und überall häufig. Zahlreiche Varietäten in Färbungsintensität und Zeichnungsmuster.

Lebensweise: Die Falter sitzen auch bei vollem Tageslicht frei auf den Blättern, wo ihr Muster gar nicht tarnt, sondern vielmehr einen auffälligen Kontrast hervorruft. Nur wenn sie das Sonnenlicht direkt trifft, fliegen sie in schattige Bereiche. Die Täuschung wirkt offenbar recht gut: Vögel entdecken selten diese auffälligen »Kleckse«. Die Raupen leben an Weiden, Pappeln und Hasel. 2 sich im Juni/Juli ablösende Generationen.

J	F	M	A	M	J	J	A	S	O	N	D

Bapta bimaculata **Zweifleckspanner**

1

2

1 Weiß, Flügel nach hinten geschwungen

2 2 getrennte dunkle Flecke am Vorderrand des Vorderflügels

2er-Check

Merkmale: Kleiner weißer Spanner, der die Vorderflügel in Ruhe so weit zurücknimmt, dass sie die Hinterflügel weitgehend oder ganz bedecken. Dadurch entsteht der Eindruck eines gerundeten Dreiecks, an dessen Seiten fast gleich weit voneinander und vom Kopf entfernte, deutliche dunkle, oft fast quadratische Flecken liegen. Sie kennzeichnen den zartflügeligen Falter eindeutig. Auch der Körper ist weiß und meistens drehrund-dicklich. Die Flügel überdecken ihn nicht. Vorderflügel etwa 12 mm lang.

Vorkommen: Gärten, Auen, Ufergebüsch und feuchte Laubwälder oder buschige Wiesenränder an Wassergräben; sehr weit verbreitet, aber meistens einzeln und selten.

Lebensweise: Die Falter ruhen als auffällige weiße Flächen tagsüber auf Blättern oder an Stämmen in schattiger Lage. Sie fliegen nachts. Werden sie am Tag aufgescheucht, torkeln sie umher und versuchen, im Blattwerk zu verschwinden. Ihre glänzend weiße Beschuppung macht sie an sich sehr auffällig, aber die weißen »Flecke« sind nur aus der Nähe und bei genauer Betrachtung als Falter zu erkennen. Traubenkirschen, Schlehen und anderes Gebüsch dienen den Raupen als Nahrung.

| J | F | M | A | M | J | J | A | S | O | N | D |

Stachelbeerspanner *Abraxas grossulariata* RL 4

1 Rundliches schwarzes Flecken-muster auf den Flügeln

2 Orangegelbes Band S-förmig über den Vorderflügel; schwarz gepunktet eingerahmt

Merkmale: Sehr auffällig gefleckter, durch die zwischen kräftigen schwarzen Punktereihen verlaufende orangegelbe Querbinde eindeutig gekennzeichneter Spanner, der zudem auf dem Hinterleib ein markantes Orange-Schwarz-Muster trägt. Die Art wird auch »Harlekin« genannt. Die Flügel sind ziemlich großflächig und stark gerundet ausgebildet, sodass die Art beinahe tagfalterartig wirkt. Das Muster aus Flecken, die sich zu Bändern gruppieren, variiert stark. Die schimmernd weißen Hinterflügel tragen erheblich weniger Flecken als die Vorderflügel. Flügel bis 2 cm lang.

Vorkommen: Gärten, Hecken, Buschränder und Parks mit Johannisbeergebüsch. Weit verbreitet, jedoch seit Jahren fast überall selten geworden. Die Art fällt auch wegen der markant schwarz-gelben Raupen (s. S. 228) und den gelb gebänderten Puppen auf.

Lebensweise: Die Falter fliegen langsam und taumelnd bei Sonnenschein an den Büschen von Stachel- oder Himbeeren oder an Buschrändern. Die Raupen leben auch von Traubenkirschen, Pfaffenhütchen oder Haseln, aber in größeren Mengen werden sie nur an Stachel- und Himbeeren gefunden. Bezeichnend ist, dass alle 3 Stadien, Raupe, Puppe und Falter, die Warnfärbung tragen.

J	F	M	A	M	J	J	A	S	O	N	D

Opisthograptis luteolata **Gelbspanner**

1 2

1 Zitronengelber Falter mit rötlicher Fleckung

2 2 kräftige und 1 schwacher Fleck am Vorderrand

3 Roter Keilfleck auf der Unterseite der Vorderflügelspitze

3er-Check

3

Merkmale: Der auffällig zitronengelb gefärbte Spanner von der Größe eines kleinen Tagfalters hält die Flügel nicht nur in der typischen Spannerweise flach ausgebreitet, sondern oft auch tagfalterartig nach oben zusammengeklappt. Dabei wird der rötliche Keilfleck in der Flügelspitze deutlich und kennzeichnend. Oberseits unterbrechen die rötlichbraunen bis braunen Randflecken, von denen der mittlere einen kräftig dunkel gerandeten, länglichen und fast silberweißen Kern trägt, das Gelb am Vorderrand. Von ihnen aus verlaufen bei genauerer Betrachtung angedeutete dunkle Querlinien über die Flügel. Manchmal sind die Flecken nur schwach entwickelt und die Flügel sehen fast rein gelb aus. Vorderflügel etwa 1,5 cm lang.

Vorkommen: Gärten, Parkanlagen, Auwälder, feuchte Hecken und Bachschluchten. Praktisch allgemein verbreitet und in der Regel häufig, wenngleich die Falter meist nur einzeln zu entdecken sind.

Lebensweise: Ruht tagsüber auf Blättern an schattigen Stellen. Flug in der Dämmerung und in den frühen Nachtstunden. Die Raupen leben an Heckenkirschen, Weißdorn, Schlehen und Haseln, verursachen aber keinen Kahlfraß.

J	F	M	A	M	J	J	A	S	O	N	D

Rosenspanner *Cidaria fulvata*

2 **1**

1 Breites dunkles, zackiges Band über gelbe Vorderflügel

2 Hell-dunkel zweigeteilte Flügelspitze

3 Braunes Band mit Einschnürungen; am Vorderrand innen aufgehellt

3er-Check

Merkmale: Eine ganze Reihe von Spannern trägt ein dunkles Band über den Vorderflügel. Beim Rosenspanner ist dieses mittel- bis dunkelbraun. Mehrere Einschnürungen verleihen dem Band die markante, durch eine sehr kräftig nach außen vorspringende Zacke gekennzeichnete Form. Das Band ist am Vorderrand gelblich aufgehellt und wird allmählich nach innen hin dunkler. Es setzt sich nicht auf die Hinterflügel fort, die zeichnungslos weißlich bis gelblichweiß sind. Bezeichnend und für die Bestimmung wichtig ist die Teilung der Flügelspitze in einen vorderen, hellen, mitunter fast rein weißen und einen scharf daran grenzenden dunklen, fast schwarzen Außenrandteil. Der Spanner ist klein (Flügel etwa 12 mm lang) und im Körper schlank gebaut.

Vorkommen: Sonnige Gärten und Parks, trocken-warmes Buschgelände an Hängen oder Laubwaldrändern; auch an mit Rosenbüschen bestandenen Bahndämmen. Weit verbreitet, aber eher vereinzelt und an das Vorkommen von (Wild)Rosen gebunden.

Lebensweise: Die Raupen leben an Rosen, auch an Gartenrosen. Gibt es eine Folge warmer Jahre, nimmt ihre Häufigkeit zu. Die Falter ruhen tagsüber im Blattwerk des Rosengerankes.

J	F	M	A	M	J	J	A	S	O	N	D

Calocalpe undulata **Wellenspanner**

1

2

1 Rindenbräunlich, über und über von Wellenlinien bedeckt

2 Sehr gleichmäßige Abfolge heller und bräunlich-dunklerer Wellenlinien aus weichen, flachen Bögen

2er-Check

Merkmale: Kleiner Schmetterling, der die Flügel nach Spannerart flach ausbreitet und dabei durch das außerordentlich gleichmäßige Muster aus Wellenlinien gekennzeichnet wird. Zwar sind die Hinterflügel, insbesondere im Innenteil etwas schwächer gezeichnet, sie werden aber teilweise von den Vorderflügeln verdeckt, sodass sich das Wellenmuster nahezu ungebrochen über den gesamten Falter ausbreitet und seine Form erstaunlich gut auflöst. Die Bögen in den Wellenlinien verlaufen flach und sind deutlich breiter als hoch. Sogar auf dem Hinterleib sorgt eine unterbrochene bräunlich-helle Zeichnung dafür, dass das Wellenmuster ungestört darüber hinweglaufen kann. Flügel etwa 1,5 cm lang.

Vorkommen: Auwälder, feuchte Parkanlagen mit reichlich Buschwerk oder Waldränder, Bachtäler und schattige Stellen in lichten Laubwäldern. Weit verbreitet und nicht selten.

Lebensweise: Die Falter ruhen tagsüber und fallen wenig auf, weil ihre Wellenzeichnung vor allem im Schatten und Halbschatten vorzüglich tarnt. Aufgestört fliegen sie langsam und flattrig. Die Raupen leben an Weiden, Zitterpappeln und Erlen; stellenweise auch an Heidelbeersträuchern.

| J | F | M | A | M | J | J | A | S | O | N | D |

Kiefernspanner *Bupalus piniarius*

2 **1**

1 Braune, pfeffrig bestäubte Flügel, oft hochgeklappt gehalten

2 Weißlicher Längsstrahl auf der Unterseite der Hinterflügel

3 Flügeloberseite mit dunkler Spitze und Außenrand

3er-Check

3

Merkmale: Kleine, überwiegend braune, auch am Tag fliegende Spanner mit undeutlicher Zeichnung, die bei Männchen auf der Flügeloberseite kontrastreicher hell und dunkelbraun als bei den Weibchen ausfällt. Die Männchen sind durch stark gefiederte Fühler zudem von den Weibchen unterschieden. Helle Flecken auf der Unterseite der Hinterflügel bilden einen unterbrochenen, zum Flügelansatz hin gerichteten »Strahl«.

Vorkommen: Kiefernwälder und Kiefernpflanzungen; vornehmlich im Nordosten, aber auch in anderen Regionen verbreitet, doch nicht so häufig.

Lebensweise: In der Forstwirtschaft gefürchteter Schädling, dessen Raupen (s. S. 229) von den Nadeln der Kiefern, seltener auch an Fichten, Tannen und Wacholder leben und bei Massenvermehrungen Kahlfraß verursachen können. Solche treten oft erst nach langen Zeitspannen unauffälligen Vorkommens bei günstiger Witterung, vornehmlich in den ausgedehnten Kiefernwaldungen Nordost-Mitteleuropas auf. Die Falter taumeln in langsamem Flug durch den Wald.

J	F	M	A	M	J	J	A	S	O	N	D

Phigalia pedaria **Schneespanner**

1 2

1 Schuppig grau; kräftiger Körper

2 Kopf-Brust dicht behaart; Männchen mit stark gekämmten Fühlern

3 Weibchen flügellos, rundlich, gut kletterfähig

3er-Check

3

Merkmale: Kräftiger, dickleibiger, sehr früh im Jahr fliegender Spanner mit großen graubraunen, schuppig oder fleckig wirkenden Flügeln (bis 2 cm lang). Über die Vorder-, aber noch deutlicher über die helleren, perlmutterartig glänzenden Hinterflügel erstrecken sich dunkle Binden. Sehr deutlich und von nahem betrachtet auch auffällig sind die kräftig gefiederten Fühler. Bei den Weibchen sind sie dünn und meist nach hinten über den flügellosen, rundlich-prallen Körper gerichtet.

Vorkommen: Gärten, Parks, Auwälder, lichte Laubwälder mit Beständen von Jungbäumen der Laubhölzer. Stellenweise häufig, meist aber vereinzelt vorkommend.

Lebensweise: Die Männchen fliegen stellenweise schon in den ersten milden Föhnnächten im Februar und kommen dann auch ans Licht. Sie suchen nach den flügellosen, prall mit Eiern angefüllten Weibchen, die sie mit Hilfe ihrer sehr empfindlichen Fühler über größere Entfernungen riechen. Pappeln, Weiden, Schlehen und andere Laubhölzer bilden das Futter der Raupen (s. S. 229). Schäden sind nicht bekannt geworden.

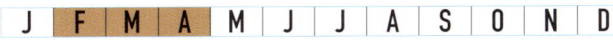

| J | F | M | A | M | J | J | A | S | O | N | D |

Birkenspanner *Biston betularia*

1 Großer, dickleibiger Spanner mit schmalen Vorderflügeln

2 Grau-Schwarz-Muster tarnt auf hellen Stämmen

3 Schwarze Form auf dunklem Untergrund getarnt

3er-Check

Merkmale: Mit dickem, kräftigem Körper und länglichen, mitunter fast waagerecht ausgebreiteten Flügeln vom »Typ« des kleinen, rundflügeligen und zart gebauten Spanners abweichend. Die gewöhnliche hellgraue, fein schwarz »bestäubte« Form verschwindet dabei insbesondere auf hellrindigen oder von hellen Flechten bewachsenen Stämmen. Eine während des Industriezeitalters mit starker Verrußung der Umgebung aufgetauchte, veränderte Form bewirkt auf dunkel-schwärzlicher Unterlage dasselbe und hat(te) davon Vorteile. Dank der Luftreinhaltungsmaßnahmen ist die schwarze Variante wieder stark zurückgegangen oder fehlt ganz. Flügel bis 3 cm lang.

Vorkommen: Laubwald, Parkanlagen, birkenreiche Moore.

Lebensweise: Die Falter ruhen tagsüber frei an Baumstämmen. Die helle Form ist insbesondere an Birken und auf hellen Flechtenbelägen sehr gut getarnt. Vögel sind die Hauptfeinde, und ihr Fraßdruck führte dazu, dass in verrußter Landschaft die Schwärzlinge häufig wurden, was sich später wieder umkehrte. Der Birkenspanner gilt als Musterbeispiel für rasche Veränderungen durch Selektion in veränderter Umwelt. Raupe s. S. 229.

J	F	M	A	M	J	J	A	S	O	N	D

Erannis defoliaria **Großer Frostspanner**

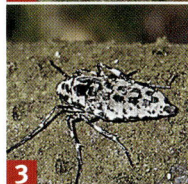

3er-Check

1 Pfeilförmige Flügelhaltung beim Männchen

2 Gebrochenes, breites braunes Band über Vorderflügel

3 Flügellose Weibchen: gelb-schwarz gefleckt

Merkmale: Schlanker Dämmerungs- und Nachtflieger mit typisch pfeilspitzenartiger Haltung der in Ruhe zurückgelegten Flügel. Über die Vorderflügel erstreckt sich ein breit angelegtes, braunes, nach außen unscharf, nach innen von einer schwarzen Linie begrenztes Band, das einen kennzeichnenden Knick aufweist, vor dem ein dicker schwarzer Punkt liegt. Undeutlicher sind kleinere schwarze Punkte im Randteil des Flügels. Die Fransen der Vorderflügel sind zumindest im vorderen Teil deutlich hell-schwarz gescheckt. Die grauweißen, pfefferartig bestäubten Hinterflügel tragen meist einen deutlichen dunklen Punkt über der Flügelmitte.

Vorkommen: Laubwälder, Gärten, insbesondere Obstgärten.

Lebensweise: Nur die Männchen tragen Flügel. Sie gaukeln in auffälliger Größe (Flügel bis 2 cm) in der späten Dämmerung durch Gärten, mitunter an Zäunen entlang und um die (Obst)Bäume auf der Suche nach den ungeflügelten, auffällig gelb und schwarz gefleckten Weibchen. Die Fleckung erstreckt sich auch auf die Beine, mit deren Hilfe die sonst sackförmigen Weibchen an den Bäumen klettern. Die Raupen (s. S. 229) leben von vielerlei Laubhölzern; Massenentwicklungen sind in neuerer Zeit selten.

J	F	M	A	M	J	J	A	S	O	N	D

Gemeiner Frostspanner *Operophthera brumata*

2 **1**

3

1	Klein, rundliche Flügel beim Männchen
2	Helle Binde mit Wellenlinie über den Vorderflügel
3	Weibchen mit Flügelstummeln, höchstens von halber Körperlänge

3er-Check

Merkmale: Nahezu merkmalsloser, kleiner Spanner, dessen Männchen in feucht-kühlen Spätherbstnächten taumelnd fliegen. Ihre Flügel sind rundlich und von feinen, etwas gezähnten Querlinien durchzogen. Ein breiteres, helles Band mit zarter Wellenlinie hebt sich nach dem äußeren Flügeldrittel meist deutlicher ab. Es schwenkt vor dem Vorderrand etwas zurück und verstärkt die Wirkung einer sehr rundlichen Flügelspitze. Die Hinterflügel sind zart, hellgrau und tragen eine deutlichere und eine weniger deutliche Querlinie. Kennzeichnend für die flugunfähigen Weibchen sind die halblang entwickelten Flügelstummel. Flügel der Männchen etwa 12 mm lang.

Vorkommen: Gärten, Parklandschaft, Laubwälder, insbesondere in Obstbaumkulturen

Lebensweise: Die Falter fliegen, gewöhnlich erst nachdem es Nachtfröste gegeben hat, in der Abenddämmerung in neblig-feuchter, kühler Witterung bei wenigen Grad über Null. Die Weibchen kriechen an den Ästen und Stämmen, wo die Männchen sie aufsuchen und begatten. Die Raupen entwickeln sich in manchen Jahren massenhaft und verursachen Schäden in den Obstbaumkulturen.

J	F	M	A	M	J	J	A	S	O	N	D

Odezia atrata **Schwarzspanner**

1 Rundflügeliger, schwarzer Spanner

2 Weißer Rand an der Vorderflügelspitze

2er-Check

Merkmale: Unverkennbar an der einheitlichen, beide Flügelpaare gleichermaßen zeichnungslos bedeckenden Schwarzfärbung. Lediglich die Fransen rund um die Spitze des Vorderflügels sind weiß. In Ruhehaltung an Gräsern lassen die Falter ihre Flügel schlaff hängen. Flügel gut 1 cm lang.

Vorkommen: Feuchte Wiesen, Auen, Moore; in Flussniederungen oder feuchten Bachtälern mit offenen Stellen; Seeufer und Grabenränder; stellenweise auch auf feuchten Bergwiesen und an flussbegleitenden Dämmen. Verbreitet und (sehr) häufig.

Lebensweise: Die Falter fliegen am Tag und auch nachts. Tagsüber taumeln sie im Gras oder dicht über den Pflanzen umher oder hängen an den Gräsern. Auf Feuchtwiesen in der Norddeutschen Tiefebene kommt der Schwarzspanner stellenweise massenhaft vor. Auch auf Bergwiesen ist er im Frühsommer in großer Zahl anzutreffen. Die Art fehlt weithin auf trocken-warmen Flächen. Die Raupen leben an Kerbel und Kälberkropf-Pflanzen. Ob die Schwarzfärbung die Falter vor Fressfeinden schützt, ist noch nicht sicher geklärt, aber anzunehmen, da die Schwarzspanner langsam fliegen und leicht zu fangen sind.

| J | F | M | A | M | J | J | A | S | O | N | D |

Flockenblumen–Blütenspanner *Eupithecia centaureata*

1

2er-Check

1 Flügel fast rechtwinklig vom Körper abgespreizt gehalten; sehr klein

2 Vorderflügel weiß mit markanter Fleckung; darin schwarzer Punkt

2

Merkmale: Vertreter der sehr viele Arten umfassenden, schwer zu bestimmenden Gruppe der Blütenspanner. Diese sind durchweg sehr klein und durch die besondere Flügelhaltung gekennzeichnet. Unter den wenigen, die leichter bestimmt werden können, hebt sich diese Art auch durch ihre Häufigkeit heraus. Sie hat weiß-graue Vorderflügel, die kreidig wirken. Darauf liegt vor dem Vorderrand fast genau in dessen Mitte ein großer, quadratischer, brauner bis braunschwarzer Fleck und darin wiederum ein deutlicher schwarzer Punkt. Kleinere dunkle Flecke folgen den Flügelrand entlang nach innen und von ihnen gehen undeutliche schmale Binden aus. Den Flügelrand begleitet eine bandartige graubraune Zone. Flügel etwa 13 mm lang.

Vorkommen: Hecken, Waldränder, Parklandschaft; häufig.

Lebensweise: Die Falter ruhen mit den kennzeichnend ausgebreiteten Flügeln an Pflanzen, Baumstämmen oder Zäunen. Sitzen sie auf weiß getünchten Hauswänden, sind sie nahezu unsichtbar. Sie sind klein und unauffällig. Ihre Raupen leben an den Blüten verschiedener Wiesen- und Waldrandpflanzen. 2 Generationen, die sich im Juli ablösen.

J	F	M	A	M	J	J	A	S	O	N	D

Eurrhypara urticata **Brennnesselzünsler**

1

2

1 Klein; Flügel seidig, mit dunklem Fleckenmuster

2 Kopf schwefelgelb

2er-Check

Merkmale: Zarter, großer »Kleinschmetterling« aus der Zünslerverwandtschaft. Sein schwarzes, sich zum Rand hin zu Reihen gestaltendes Fleckenmuster auf irisierend-seidigen Flügeln und der schwefelgelbe Vorderkörper sind kennzeichnend. Das Gelb strahlt auch auf den Flügelansatz aus. Die langen, fadenförmigen Fühler werden häufig nach hinten gerichtet getragen. Bei leicht geöffneten Flügeln wird die gelbe Spitze des Hinterleibes sichtbar. Auffällig sind die großen schwarzen Augen. Flügel gut 1,5 cm lang.

Vorkommen: Überall in Gärten, Auen, Parks und sonstigem, eher feuchten und nährstoffreichen Gelände, wo Brennnesseln, Minzen, Ziest und andere Futterpflanzen der Raupen vorkommen. Häufig bis sehr häufig.

Lebensweise: Die Falter ruhen tagsüber im Pflanzengewirr, lassen sich aber leicht aufstöbern und fliegen dann schwirrend ein Stück. Nachts kommen sie oft ans Licht. Schon in der Dämmerung beginnt ihre Flugaktivität. Die Raupen (s. S. 230) leben in zusammengesponnenen oder eingerollten Blättern von Brennnesseln und anderen Pflanzen an feucht-schattigen Orten.

J	F	M	A	M	J	J	A	S	O	N	D

Nesselzünsler *Pleuroptya ruralis*

1

2

1 Großer, perlmuttfarben schimmernder Kleinschmetterling; spannerartig wirkend

2 Verwaschene dunkle Wellenlinien mit tiefen Bögen

2er-Check

Merkmale: Dünnhäutig und irisierend sehen die Flügel dieses großen Zünslers aus, der eine Spannweite (gestreckt) bis zu 4 cm erreichen kann und daher auf den ersten Blick einen spannerartigen Eindruck macht. Der Körper ist im Kopf-Brust-Teil kräftig und verläuft dann schlank und spitz auslaufend, wobei die Spitze die Flügel überragt. Die langen dünnen Fühler werden nach hinten gelegt gehalten, wenn sich der Falter beruhigt hat. Über die Flügel verlaufen, auf beiden Flügelpaaren deutlich zu erkennen, tief bogenförmige dunkle Linien.

Vorkommen: Gärten, Parks, Ufergehölze, Auen und Bachschluchten, Hecken, Zäune und Waldränder aller Art; auch in trockenerem Gelände. Verbreitet und meistens sehr häufig; leicht zu finden.

Lebensweise: Die Falter ruhen zwar tagsüber mit ausgebreiteten, im Licht irisierenden Flügeln versteckt in den Pflanzen, lassen sich aber rasch zum Auffliegen bewegen. Ihr Flug ist leicht, tänzelnd und langsam. Die Aktivität beginnt in der Dämmerung. Mitunter fliegen die Falter ans Licht. Die Raupen leben vorzugsweise in tütenförmig gerollten Brennnesselblättern – und sind daran leicht auszumachen.

J	F	M	A	M	J	J	A	S	O	N	D

Nymphula nymphaeata **Seerosenzünsler**

1 Dreieckig; Kopf abwärts gerichtet hängend (hier Männchen)

2 Weibchen heller, mit größerer Fleckung

3 Kennzeichnende Bänderung und dunkel gerandete Fleckung

3er-Check

Merkmale: »Wasserschmetterling«, der den unter Wasser befindlichen Puppen entsteigt und hochbeinig auf Schwimmblättern läuft oder im langsamen Schwirrflug in der Abenddämmerung am Ufer fliegt. Die Männchen sind kräftig gelbbraun gezeichnet; die Weibchen etwas größer und in der Grundfärbung heller. Auf der Flügeloberseite sind verteilt unregelmäßig geformte helle Flecken mit deutlicher dunkler Umrandung. Bezeichnend ist das dunkle Bortenmuster am Rand der Hinterflügel. In Ruhe versuchen die Falter stets Kopf abwärts gerichtet zu hängen. Flügel gut 1 cm lang.

Vorkommen: Gartenteiche mit Schwimmendem Laichkraut, Seekanne und (kleinen) Seerosen; Schwimmblattzone von Teichen und Seen im Stillwasserbereich. Verbreitet, lokal häufig.

Lebensweise: Ungewöhnlich und hochinteressant: Eiablage an Blattränder unter Wasser. Die Raupen (s. S. 230) schneiden sich aus Blattstücken Köcher, die anfänglich mit Wasser gefüllt sind, später, wenn sie zur Luftatmung übergegangen sind, Luft enthalten. Dann kennzeichnen die ovalen Schnitte an den Rändern von Schwimmblättern das Vorkommen. Verpuppung unter Wasser. 2 Generationen mit Flugpause im Juli.

J	F	M	A	M	J	J	A	S	O	N	D

Langhornmotte *Nemophora deegerella*

2er-Check

1 Sehr klein, extrem lange Fühler von mehrfacher Körperlänge beim Männchen

2 Breites gelbes Band über die schwarz längsgestreiften Flügel

Merkmale: Die Männchen fallen trotz ihrer Kleinheit an den ganz außerordentlich langen Fühlern auf. Bei den Weibchen sind diese erheblich kürzer, im Spitzenteil metallisch-hell, aber dennoch weit über körperlang. Bei den Männchen wird die 4-fache Körperlänge erreicht oder übertroffen. Die recht kleinen Falter kennzeichnet eine dicke, goldgelbe bis hellgelbe Binde quer über die Vorderflügel, über die sich auf goldbraunem Grundton schwarze Längsstreifen ausbreiten. Diese schneidet das Band, beiderseits kräftig schwarz begrenzt, komplett ab. Flügel knapp 1 cm lang.

Vorkommen: Feuchte Niederungen, Uferränder, Auen, Gräben oder feuchte Stellen in lichten Laubwäldern. Verbreitet, stellenweise häufig und am besten bei den Balzflügen zu entdecken.

Lebensweise: Die Männchen sammeln sich gruppenweise zu 20 und mehr in 1–2 m Höhe über dem Boden an Pflanzen, die einen deutlichen »Rand« im umliegenden Gelände bilden. Von dort starten sie ihre vornehmlich am späten Nachmittag stattfindenden Balzflüge. Sie fliegen wie hüpfend in die Luft und lassen sich, gebremst von den langen Fühlern, langsam sinken – um gleich wieder so auf und nieder zu fliegen.

J	F	M	A	M	J	J	A	S	O	N	D

Cameraria ohridella **Kastanienminiermotte**

1 Winzig, goldbraun mit silber-hellen Querbändern

2 Kennzeichnende Fraßbilder (»Minen«) in den Blättern von Rosskastanien

2er-Check

Merkmale: Staubfein und mückenhaft tanzen die frisch geschlüpften Miniermotten unter und an den Kastanien bei sonnig-warmer Witterung. Oder sie kriechen auf den Blättern, wobei insbesondere unter der Lupe betrachtet ihre in der Kleinheit verborgene goldbraune und silbrige Zeichnung deutlich wird. Die 4 weißen Binden sind außen dunkel begrenzt. Am Flügelrand lange Fransen. Die Beine sind auffällig schwarz-hell geringelt.

Vorkommen: Seit 1990 von Südostbayern (davor von Österreich aus) nordwestwärts rasch vordringend. Ursprünglich ist die Art in Mazedonien entdeckt worden. An Kastanienalleen kommt es zu Massenvermehrungen mit vorzeitiger Verbräunung und Abfall der Blätter.

Lebensweise: Die Puppen überwintern in den abgefallenen Kastanienblättern ab dem Spätsommer. Im Mai schlüpft die 1. Generation, auf die rasch 1–2 weitere folgen. Die winzigen Räupchen minieren in den Kastanienblättern und legen dabei typische Fraßgänge an. An ihrem Ende bildet sich eine flache braune Blase. Darin ruht die Puppe. Obwohl häufig vermutet, sind bislang Kastanien weder aufgrund des Befalls abgestorben noch nachhaltig geschädigt worden.

| J | F | M | A | M | J | J | A | S | O | N | D |

Traubenkirschen-Gespinstmotte

Yponomeuta evonymellus

1

2

1 Sehr klein, langgestreckt, Flügel halb gerollt

2 Silbrig glänzende Vorderflügel mit 5 Reihen feiner schwarzer Punkte

2er-Check

Merkmale: Nadelscharfe, feine schwarze Punkte, die sich in 5 sauberen Reihen entlang des Vorderflügels ordnen. Die Hinterflügel sind grau bis rauchgrau und mit breitem Fransensaum besetzt, der mitunter bei nicht vollständig und leicht gerollt geschlossenen Flügeln etwas vorsteht. Die Falter spielen häufig mit den Fühlern und hüpfen bei leichter Berührung davon. Mehrere, sehr ähnliche Arten.

Vorkommen: In Flussniederungen, Auwäldern oder offenem Wiesengelände mit Traubenkirschen. Vornehmlich im Südosten im Einzugsbereich der Donau verbreitet; in manchen Frühsommern sehr häufig und auffällig durch völlig eingesponnene Bäume.

Lebensweise: Die Falter legen die Eier an die Blattknospen von Traubenkirschen. Die im Ei fertig entwickelten Räupchen überwintern, schlüpfen im April mit dem Austrieb der Traubenkirschen und fressen diese kahl, wenn kein Spätfrost kommt und viele Gelege am Baum schlüpfen können. Dann werden die »skelettierten« Bäume silbrig eingesponnen. Die Raupen (s. S. 230) verpuppen sich in dichten Massen am Stamm oder am Boden. Die Falter schlüpfen im Juli. Die Traubenkirschen sind die einzige Futterpflanze dieser Art; sie werden nicht geschädigt!

J	F	M	A	M	J	J	A	S	O	N	D

Tortrix viridiana **Eichenwickler**

1

1 Klein, einheitlich hellgrün;
Flügel spitz auslaufend,
flach dachförmig gehalten

2 Kopf und Rücken ebenfalls
grün

2er-Check

2

Merkmale: Kleiner hellgrüner Schmetterling, der flach auf Blättern sitzt und außer der Farbe und den spitz auslaufenden Vorderflügeln keine besonderen Merkmale trägt. Männchen sind kleiner als die Weibchen, deren Flügelspannweite ein wenig über 2 cm gehen kann.

Vorkommen: Eichenwälder, große Parks mit Eichen; sehr häufig.

Lebensweise: Der kleine Schmetterling verursacht mitunter große Schäden in Eichenwäldern und wird daher von Forstleuten sehr kritisch in seiner Entwicklung betrachtet. Die Falter sitzen tagsüber im Blattwerk der Eichen oder anderer Bäume in Mischwäldern und fliegen bei Störungen sofort auf. Ihr Flug wirkt zwar taumelnd und schwach, sie können aber Fangversuchen ganz gut ausweichen. Nachts fliegen sie auch ans Licht. Die Raupen schlüpfen nach der Überwinterung im April und befressen zunächst die austreibenden Knospen der Eichen; seltener auch die anderer Laubbäume. Später schützen sie sich durch Einrollen des Blattes oder durch Zusammenfalten von Blattteilen, wo sie sich auch im Juni verpuppen. Die Falter fliegen im Hochsommer. Kahlfraß kann das Wachstum der Eichen schädigen.

J	F	M	A	M	J	J	A	S	O	N	D

Apfelwickler *Cydia pomonella*

1

1 Klein, rindenfarben graubraun; tunnelartige Flügelhaltung

2 Kennzeichnende, »unfertige« Augenzeichnung am Hinterende der Vorderflügel

2er-Check

2

Merkmale: Weit bekannter als der wenig auffällige, wenngleich sehr häufig vorkommende Schmetterling ist seine Raupe, der »Wurm« im Apfel (s. S. 230). Die Falter selbst sind fein rindengrau und braun gezeichnet, sehr länglich, aber durch die Flügelhaltung wie in einem Tunnel steckend. Dabei lenkt die goldbraun glänzende, schwarz gerahmte Zeichnung am inneren Außenteil des Vorderflügels den Blick, weil sie ein Auge vortäuscht. Vögel picken, wie zahlreiche Verletzungen dieses Flügel-Außenbereiches zeigen, tatsächlich immer wieder nach dieser falschen Seite und ermöglichen damit ein Entkommen für den Falter. Die Beine sind fein schwarz und hell geringelt; die Fühler werden meist eng anliegend an die Flügel getragen.

Vorkommen: Gärten, Parks und Laubwälder; vor allem im Kulturland mit Obstgärten sehr häufig und bei starkem Befall Verluste in der Apfelernte verursachend. Mit dem Obstbau weltweit verschleppt.

Lebensweise: Die Falter ruhen am Tag. Sie sind mit ihrer rindenfarbenen Zeichnung und Röllchenhaltung wenig auffällig, da man sie auch für ein Stückchen Vogelkot halten könnte. 2 Generationen.

J	F	M	A	M	J	J	A	S	O	N	D

Pterophorus pentadactyla

Winden-Federgeistchen

1 Klein, schneeweiß, mit langen Fransen an den »gefingerten« Flügeln

2 Flügel 5-strahlig; meist 4 gut sichtbar

3 Ruhehaltung bildet 2-fingriges T

3er-Check

Merkmale: Das zarte, schneeweiße Federgeistchen ist so auffällig und allgemein bekannt, dass darüber hinaus oft übersehen wird, wie viele ähnliche und noch bizarrere Arten dieser Gruppe von Kleinschmetterlingen es gibt. Die meisten sind rindenbraun und ihre Flügel sind so eingerollt, dass sie ähnlich dem Körper ein geschlossenes Ganzes und mit diesem zusammen ein »hölzernes« T bilden. Das weiße Winden-Federgeistchen unterscheidet sich davon durch die fünffingrige Gliederung der Flügel, die durch tiefe Einbuchtungen verursacht wird, und die langen weißen Fransen. Die Fransen ermöglichen einen fein schwebenden Flug und dieser gab zum Namen »Geistchen« Anlass. Die langen Beine tragen bezeichnende Doppeldornen.

Vorkommen: Gärten, Parks, lichte Wälder, Waldränder; häufig.

Lebensweise: Die »Geistchen« beginnen in der Dämmerung zu fliegen und kommen oft auch in Räume und ans Licht. Tagsüber halten sie sich versteckt im Gras und Laubwerk auf. Die Raupen leben an Acker- und Zaunwinden und sie verpuppen sich unter einem Blatt. Die Puppen tragen lange weiße Borsten auf den Warzen. 2 Generationen.

J	F	M	A	M	J	J	A	S	O	N	D

Heuzünsler   *Hypsopygia costalis*

1

2

2er-Check

| 1 | Klein, rötlichbraun; flach-pfeilspitzenartige Form |
| 2 | 2 große gelbe Randflecken und breiter gelber Fransensaum |

Merkmale: Markanter Kleinschmetterling mit purpurbrauner Grundfärbung der Flügel, die in Ruhe flach-pfeilspitzenartig gehalten
werden, wobei der herausragende Kopf die »stumpfe Spitze« bildet.
Die Fühler werden meist über die Flügel rückwärts gelegt gehalten. Auffällig ist der breite goldgelbe Saum am Außenrand der Vorderflügel, der zusammen mit den beiden großen gelben Flecken
am Vorderrand, von denen schwach angedeutet schmale gelbe Binden über den Flügel verlaufen, den kleinen Falter eindeutig kennzeichnet. Allerdings gibt es rötlich verdunkelte Formen mit nur
ganz schwach angedeuteter gelber Zeichnung.

Vorkommen: Gärten, Hecken, Zäune, Grasland mit Buschwerk und
Gehöfte; häufig.

Lebensweise: Die Falter ruhen tagsüber an schattigen Plätzen, an
Scheunenwänden oder im Gebälk. Sie werden abends rege und fliegen auch ans Licht. Die Raupen leben im Heu, an Strohdächern
oder in Vogelnestern. Auch in Hühnerställen werden sie gefunden.
Sie verpuppen sich in einem ovalen Gespinst. Aufgescheucht fliegen die Falter ein Stück und versuchen gleich wieder, einen Ruhe-
platz zu finden.

J	F	M	A	M	J	J	A	S	O	N	D

Plodia interpunctella

Dörrobstmotte, Kakaomotte

1

2

2er-Check

1 Länglicher Kleinschmetterling; im äußeren Flügelteil rotbraun-schwarz gebändert

2 Vorderteil hell; Falter »zweigeteilt«

Merkmale: Langflügelig, daher im Ruhe mit rohrartig gerollten Flügeln wie ein Stöckchen oder ein gestrecktes Stück Vogelkot aussehend. Der vordere Teil ist wächsern oder elfenbeinfarben hell. Eine kräftige schwarze Binde grenzt davon den hinteren Teil ab, über den rötlichbraune bis rotgoldene und schwarze Querbinden verlaufen. Die Körperform des Falters wird damit in zwei Teile zerlegt; insbesondere wenn in Ruhe die Fühler seitlich eng an den Körper gelegt gehalten werden. Dabei ragt der Kopf leicht aufwärts gebogen von der Unterlage weg. In dieser Ruhehaltung sind die Falter etwa 2 cm lang.

Vorkommen: Häuser, Lagerräume von Lebensmitteln; gewöhnlich nicht außerhalb von Gebäuden zu sehen. Verbreitet, mitunter häufig und als Vorratsschädling seit langem nahezu weltweit verbreitet.

Lebensweise: Die Falter ruhen am Tag und fliegen nachts »mottenhaft« umher. Sie suchen zur Eiablage getrocknete Früchte (»Dörrobst«), Getreide und andere pflanzliche Stoffe; besonders bevorzugt ist aber Schokolade (Kakaomotte!). Den eigentlichen Schaden verursachen die von den Raupen erzeugten Gespinste, womit sie die befallene Nahrung durchweben.

J	F	M	A	M	J	J	A	S	O	N	D

Mehlzünsler *Pyralis farinalis*

1

2er-Check

1 Hell- und dunkelbraune Flecken, getrennt durch gelbliche Linien, »zerteilen« den Körper

2 Hinterleibspitze wird senkrecht nach oben gereckt

2

Merkmale: Kleiner, im Gesamtumriss dreieckiger Schmetterling vom »Zünslertyp« mit flach ausgebreiteten Flügeln. Diese werden durch hellgelbe, geschwungene Querlinien, von denen die äußere einen tiefen Bogen macht, in Felder mit unterschiedlichen Brauntönen aufgeteilt. Hellbraun bis gelblichbraun ist das Mittelfeld getönt, während das körpernahe dunkel rotbraun und die beiden äußeren am Flügelrand etwas heller nussbraun ausfallen. Diese Musterung löst die Körperform zwar auf, aber da die Falter oft auf einheitlich dunklen Flächen, etwa an Holzwänden von Gebäuden, sitzen, fallen sie dennoch auf. Dabei ist nicht zu übersehen, dass sie die Spitze des Hinterleibs zwischen den etwas abgespreizten Flügeln in sehr kennzeichnender Weise hochrecken.

Vorkommen: Gebäude, an denen die Falter tagsüber sitzen. Häufig, insbesondere wo Mehl, Getreide oder andere vom Menschen oder von Haustieren verwertete Sämereien gelagert werden.

Lebensweise: Die Falter fliegen im Dämmerlicht und nachts. Die Raupen leben in röhrenförmigen Gespinsten und verzehren bei Nahrungsmangel auch Kot und tote Artgenossen. Sie verklumpen die gelagerten Stoffe durch Spinnfäden und Exkremente. Vorratsschädling!

J	F	M	A	M	J	J	A	S	O	N	D

RL 3 *Thyris fenestrella* # Fensterschwärmerchen

1

2er-Check

1 Klein, bräunlich-scheckig; Flügel aufgebogen

2 Silberweiße »Fensterflecke« im Flügel

2

Merkmale: Die fensterartig durchsichtigen Stellen im Flügel lassen sich nur aus der Nähe erkennen. Doch die kleinen, sehr behenden Falter fallen zumeist allein schon durch ihre merkwürdige, bei anderen Schmetterlingen nicht in dieser Form vorkommende Flügelhaltung auf. Die Vorderflügel werden dabei am Rand leicht gebogen nach oben gezogen, sodass die Hinterflügel fast ohne Überdeckung darunter anschließen. Die feine goldbraun-schwarze Fleckung verstärkt die Wirkung der kleinen Flügelfenster. Flügel bis 1 cm lang.

Vorkommen: Buschreiche, sonnige Gärten mit Blüten, Waldränder, Parkanlagen oder blütenreiche Bachschluchten. Nicht selten und so man sie einmal entdeckt hat, leicht zu finden.

Lebensweise: Die Falter suchen in vollem Sonnenlicht nach Nektar an Blüten oder nehmen Tautropfen auf. Sie saugen auch an Pfützen oder stark riechenden Exkrementen. Die Raupen leben ausschließlich von den Blättern der Waldrebe *(Clematis vitalba)*, deren junge Blätter sie einrollen. Sie geben einen wanzenartigen, unangenehmen Geruch ab. Die rotbraune Puppe überwintert in lockerem Gespinst in der Erde.

| J | F | M | A | M | J | J | A | S | O | N | D |

Schwalbenschwanz (S. 92)

Jungraupen schwärzlich, mit weißem Sattelfleck auf dem Rücken. Dann Grundfarbe grün oder weißlichgrün mit orangeroten und schwarzen Flecken. Im Juni sowie August/September an Wilder Möhre, Karotten, Dill und anderen Doldengewächsen. Stülpt bei Berührung eine orangerote Nackengabel aus. Erwachsen bis 5 cm.

Segelfalter (S. 93)

Walzenförmige, im vorderen Drittel verdickte grüne Raupe mit gelblichen bis weißen Streifen. Bis gut 4 cm lang. Juni bis September (2 Generationen) an Schlehen, Weißdorn, Pfirsichbäumchen; mitunter auch an Apfelbäumen und Ebereschen. An sonnig-warmen Stellen und meist einzeln.

Apollofalter (S. 36)

Schwarz mit kurzer, stachelartiger Beborstung und orangeroten Fleckenreihen. Bis etwa 5 cm lang. Hauptsächlich an Weißer Fetthenne *(Sedum album)* auf sonnigen Kalktriften und Felshängen von April bis Juni (Generation des Vorjahres) oder ab August mit Überwinterung bis zum Frühjahr.

Baumweißling (S. 33)

Schlanke, bis knapp 4 cm lange, bräunliche Raupe mit kräftiger schwarzer Längsstreifung und kurzen Borsten. Ab August mit Überwinterung bis Mai/Juni an Weißdorn, Birken, Kern- und Steinobstbäumen; stellenweise in großer Zahl in manchen Jahren.

Großer Kohlweißling (S. 30)

Gelblichgrüne, mit schwarzen Punkten und gelben Streifen überzogene, bis etwa 5 cm lange Raupe. Langgestreckt und lediglich kurz beborstet. Von August bis Oktober (1. Generation der Falter) und im Juni/Juli an Weiß- und Rotkohl in Gärten sowie an Ackersenf, Hederich und anderen Kreuzblütlern; oft in großer Zahl.

Kleiner Kohlweißling (S. 31)

Grün mit schmalen gelben Längsstreifen und sehr kurzer Beborstung; Kopf grünlich. Bis 4 cm lang. Insbesondere von September bis in den Spätherbst an den Kohlarten im Garten, mitunter in großer Zahl mit Fraßschäden. Die Raupen der 2. Faltergeneration fressen im Juni an Kresse und anderen Kreuzblütlern.

Zitronenfalter (S. 41)

Gestreckte, grüne, bis 4 cm lange Raupe mit weißer Längslinie an den Körperseiten; häufig eng an die Unterlage angeheftet. Im Juni und Juli an Faulbaum (*Rhamnus frangula*) an den Zweigspitzen. Verpuppung an der Futterpflanze: Die grünliche Puppe hat eine ausgezogene Spitze am Kopf.

Resedaweißling (S. 38)

Bis 3 cm lange, in der Grundfarbe grünliche Raupe mit gelben Längslinien und zahlreichen kleinen schwarzen Punkten. Linien mitunter rötlich getönt. Im August/September und Juni (2. Generation der Falter) an Reseda, Rauke, Steinkraut und anderen kleinen Kreuzblütlern.

Aurorafalter (S. 40)

Schlanke, grüne und unauffällige Raupe, bis 3 cm lang, mit schmalem weißen Längsband an den Körperseiten. Lebt im Juni/Juli auf Feuchtwiesen an Wiesen-Schaumkraut *(Cardamine pratensis)*, aber auch in Gärten und Parks an Lauchkraut *(Alliaria)* und Gänsekresse *(Arabis)*.

Postillion (S. 43)

Durchscheinend grüne, bis knapp 4 cm lange Raupe, die sich flach an der Unterlage hält und seitlich durch einen durchgehenden, schmalen gelblichweißen Längsstreifen gekennzeichnet ist, in dem feine schwarze, rötlich gerandete Punkte liegen. Von Juni bis September an Esparsette *(Onobrychis viciifolia)* und Hornklee.

Weißbindiger Mohrenfalter (S. 56)

Gelblichbraune, stark beborstete und dicklich wirkende, bis knapp 3 cm lange Raupe, die zum Hinterende hin in kennzeichnender Weise »abfällt«. Ab September an Waldgräsern, z. B. Rasenschmiele und Rispengras. Raupe überwintert und vollendet die Entwicklung bis Juni.

Graubindiger Mohrenfalter (S. 58)

Hell-erdfarbene bis gelblichgraue, bis 3 cm lange Raupe mit kurzen Stacheln und einigen unscharfen schwarzen Flecken. Der langgezogene Körper wirkt längsgestreift (schattenhaft). Ab Ende August an Knäuelgras und anderen Waldgräsern. Raupe überwintert und vollendet die Entwicklung bis Mai/Juni.

Schachbrett (S. 39)

Grünliche, deutlich längsge-streifte Raupe mit bräunlichen bis rötlichen Beimischungen. Gut 3 cm lang und wenig be-haart. Ab Ende August an wei-chen Gräsern, wie Lieschgras oder Honiggras und Trespe, vorzugsweise auf kalkhaltigen Wuchsorten. Raupe überwin-tert und vollendet Entwicklung bis Juni.

Blauäugiger Waldportier (S. 63)

Langgestreckte, braune und bis 4 cm erreichende Raupe mit mehreren dunklen Längsstrei-fen. Am Körperende kurze, doch deutliche Doppelspitze. Ab September an Pfeifengras *(Molinia caerulea)* und Land-reitgras *(Calamagrostis epige-jos)*, mit Überwinterung bis Mai/Juni.

Waldbrettspiel (S. 54)

Kleine, nur gut 2,5 cm lange, dicklich-grüne Raupe mit grü-ner Grundfärbung, gelblichen und rötlichen Längsstreifen sowie deutlicher Doppelspitze am Körperende. Im Juni (2. Generation) und von September mit Überwinterung bis April an weichen Waldgräsern.

Ochsenauge (S. 59)

Bis über 3 cm lange, kräftige, in der Grundfärbung grüne Raupe mit lockerer weißlicher Beborstung; auch über dem Kopf. An den Körperseiten kann eine weißliche bis gelb-liche Längslinie ausgebildet sein. Von September bis Mai mit Überwinterung an ver-schiedenen Gräser-Arten.

Kleiner Schillerfalter (S. 83)

Bizarre gelblichweiße »Schneckenfühler« mit rötlich-dunkler Spitze, von denen aus über den Oberkörper hellgelbe Streifen verlaufen , kennzeichnen diese schneckenartige grüne, mit feinen samtigen Punkten überzogene Raupe. Von August bis Juni (Überwinterung) an Zitterpappeln. Bis 3,5 cm lang.

Kleiner Eisvogel (S. 84)

Grüne, gestreckt gut 3 cm lange Raupe mit verzweigten braunen Stachelspitzen auf dem Rücken. Grundfarbe grün mit weißlichen Rändern und Pünktchen. Nimmt meist eine gekrümmte Körperhaltung ein. Von August bis Anfang Juni (mit Überwinterung) an Roter Heckenkirsche, Geißblatt und Schneebeeren-Büschen.

Großer Eisvogel (S. 85)

Bizarre, in »Schreckstellung« merkwürdig gekrümmte Raupe von grünlicher und schwärzlicher Grundfärbung. Hinter dem Kopf 2 große, mit kurzen weißen Stacheln besetzte Höcker, die bei Störung dieser entgegengereckt werden. Bis 4 cm Körperlänge. Von August bis Mai (mit Überwinterung) an Zitterpappel-Büschen.

Distelfalter (S. 90)

Bis über 4 cm lange, olivgrüne bis gelbliche Raupe mit vielen verzweigten Stachelspitzen am ganzen Körper, die auf gelblichen Längsstreifen gereiht stehen. Von Juni bis September (je nach Einflug) an Disteln, Brennnesseln, Kletten, Huflattich und anderen Pflanzen an Gebüschrändern.

Admiral (S. 86)

Kräftige, bis über 4 cm lange, oberseits überwiegend schwarze Raupe mit gelblichen Seiten zum Bauch. Zahlreiche verzweigte Stachelspitzen sind gruppenweise über den Körper verteilt. Je nach Einflug der Falter von Juni bis September an Brennnesseln; meist in Gruppen, später einzelner.

Tagpfauenauge (S. 87)

Große, bis gut 5 cm lange, ziemlich schlanke Raupe mit glänzend schwarzer Grundfärbung und vielen schimmernden weißen Pünktchen. Kräftige, seitlich verzweigte Stachelspitzen ragen aus dem Raupenkörper hervor. Die Nachschieber und Bauchfüßchen sind rötlich. Mai bis Juli an Brennnesseln und Hopfen.

Kleiner Fuchs (S. 88)

Bis 3,5 cm lange, gelb längsgestreifte, grünlichschwarze Raupe mit kurzen, seitlich verzweigten Stachelspitzen auf dem Körper. Auch die Kopfkapsel ist stachelig. Über die Rückenmitte gelber Doppelstreifen. Von Mai bis August an Brennnesseln in »Nestern« beisammen; oft oben an den Spitzen.

Trauermantel (S. 94)

Große, bis über 5 cm lange, schwarz(blau)e Raupe mit auffälligen rotorangefarbenen Flecken am Rücken. Die den Körper bedeckenden Stachelspitzen sind wenig und dünn verzweigt. Im Juni/Juli an Blättern von Salweiden, Zitterpappeln, Birken und Ulmen, meist gesellig in Gruppen zusammen.

C-Falter (S. 52)

Die bis gut 3 cm langen, schlank gebauten Raupen sind deutlich zweifarbig, mit rotbrauner Vorderhälfte und grauweißem Rücken der hinteren Hälfte. Eine schwarze Grenzlinie trennt den hellen Sattel von der Bauchseite. Zahlreiche, verzweigte Stachelspitzen verteilt. Mai bis August an Beerensträuchern und Brennnesseln.

Landkärtchen (S. 53)

Bis knapp 3 cm lange, schwarze Raupe mit vielen, stark verzweigten Stachelspitzen und einer deutlichen gelben Seitenlinie über die gesamte Körperlänge. Von August bis September (ergibt Frühjahrsform) und im Juni/Juli (Sommerform) an Brennnesseln, gesellig.

Wachtelweizen-Scheckenfalter (S. 46)

Knapp 3 cm lange, dickliche schwarze Raupe mit in Ringen angeordneten gelblichen Höckern, die Stachelspitzen mit feinen Verzweigungen tragen. Von August, mit Überwinterung, bis Mai an Spitzwegerich, Wachtelweizen und Ehrenpreis-Arten bodennah lebend.

Roter Scheckenfalter (S. 47)

Orangebraue Kopfkapsel und gelbliche, spitzkegelige Höcker auf dem Rücken, die schwarz geringelt sind und zahlreiche schwarze Stacheln tragen, machen diese Raupe recht »abweisend«. Sie wird knapp 3 cm lang und lebt von August, mit Überwinterung, bis Mai an Leinkraut, Ziest und anderen Kräutern.

Großer Perlmutterfalter (S. 50)

Fast 3,5 cm Länge erreicht diese gestreckte, locker mit verzweigten Stachelspitzen besetzte Raupe. Ein gelber Längsstreifen zieht über den Rücken und an den Seiten fallen dicke rote Punkte auf. Sie lebt von August, mit Überwinterung, bis Juni an Veilchen oder Wiesen-Knöterich.

Kaisermantel (S. 51)

Große, bis über 5 cm lange, in der Grundfärbung braune Raupe mit doppelten gelben Längsstreifen über den Rücken und zahlreichen gelblichweißen, verzweigten und recht langen Stachelspitzen. Von September, mit Überwinterung, bis Juni vor allem an Waldveilchen (Viola reichenbachiana) und Himbeere.

Brombeerzipfelfalter (S. 66)

Dicklich-kurze, asselförmige und bis etwa 1,5 cm lange Raupe mit kräftigem gelbem, schwarz eingefaßtem Längsstrich über den stark gerundeten Rücken, schwarzen Seitenpunkten und kurzen gelblichen Streifen. Von Mai bis August an Ginster, Goldregen, Faulbaum und Klee; nicht (!) an Brombeeren.

Blauer Eichenzipfelfalter (S. 67)

Nacktschneckenartige, dicke, dünn behaarte, bräunliche Raupe mit von den Körpersegmenten unterbrochener schwarzer Rückenlinie und beiderseits davon stumpf-dreieckigem, hellem Muster. Bis über 1,5 cm lang. Im Mai und Juni an Eichenblüten und -blättern. Färbung wechselt mit der Entwicklung der Eichenknospen.

Kleiner Feuerfalter (S. 70)

Breit walzenförmige, kleine, unter 1,5 cm lange Raupe mit grünlicher Grundfärbung und rosarotem Rand. Dünn und kurz behaart. Kopf meist nicht sichtbar; rötlich. Von September, mit Überwinterung, bis April und im Juni/Juli an Sauerampfer und Dost *(Origanum vulgare)*.

Hauhechel-Bläuling (S. 73)

Dicklich, walzenförmig, mit spitzem Kopfteil und grüner Grundfarbe sowie schwarzem Rückenstreifen, der nur schwach angedeutet ausgebildet sein kann. Feine weiße Behaarung. Von September, mit Überwinterung, bis Juli (2 Generationen) an Hauhechel, Klee *(Trifolium-*Arten) und Färberginster an sonnigen Stellen.

Himmelblauer Bläuling (S. 75)

Klein, walzenförmig und dunkelgrün mit einer Reihe gelber »Anführungsstriche« auf dem Rücken; gut 1 cm lang. Körper wirkt samtig. Der Kopf bleibt meist verborgen unter dem Vorderkörper. Juli und von September, mit Überwinterung, bis Mai an Kronwicke, Tragant und Platterbsen.

Rostfarbener Dickkopffalter (S. 80)

Zeichnungslos grüne, walzenförmig-langgestreckte Raupe mit gelbbraunem Kopf und knapp 1,5 cm Länge. Sie lebt in einer Tüte aus fest zusammengesponnenen Grasblättern , die sie innen mit Wachs auskleidet. Von September bis Mai (mit Überwinterung) an Rispengras, Wiesenhafer, Schwingel, Quecke und Wolligem Honiggras.

Gemeines Blutströpfchen (S. 96)

Bis über 2 cm lange, gelbe Raupe mit breiter schwarzer Längsstreifung, die von den Körpersegmenten unterbrochen wird. Oberseite schimmernd weißlich behaart. Unterseite, von den Seiten beginnend, grünlich. Von September, mit Überwinterung, bis Juni an Hornklee und Bergkronwicke.

Rostbär (S. 108)

Bis über 3 cm lange, stark behaarte, (rot)braune bis gelbrote Raupe, deren Haare in Büschelreihen stehen. Sie lebt an einer Vielzahl krautiger Pflanzen an Wegrändern und in Gärten von September bis April (mit Überwinterung) sowie im Juni und Juli.

Gelbe Tigermotte (S. 102)

Mittelgroße, bis über 3 cm lange, sehr stark behaarte Raupe von brauner Grundfärbung mit mehr oder weniger deutlich ausgeprägtem hellen bis gelblichen Mittelstreifen. Sie lebt von Juli bis September an Löwenzahn, Sauerampfer, Wegerich, Brom- und Himbeergesträuch sowie auch an Brennnesseln.

Brauner Bär (S. 105)

Sehr große, bis über 6 cm lange und außerordentlich stark behaarte Raupe von schwarzbrauner bis schwärzlicher Grundfarbe. Körperbereich rotbraun, Flanken hellbraun. Die langen Haare sind grauweiß und gehen von weiß glänzenden Ansatzstellen aus. Von September bis Juni, mit Überwinterung, an vielen krautigen Pflanzen.

Schönbär (S. 106)

Die bis 4,5 cm lange Raupe ist schwarz und trägt in Gruppen lange Stacheln, die von kuppelförmigen Erhebungen ausgehen. Am Rücken und seitlich am Körper sind bandartig gelbe und weiße Flecken. Die Raupen leben von August, mit Überwinterung, bis Ende Mai an Brennnesseln, Taubnesseln und anderen krautigen Pflanzen.

Blutbär (S. 109)

Unverkennbar blauschwarzgelb geringelte, bis knapp 3 cm lange, rundliche und dünn behaarte Raupe, die sich nicht zu tarnen versucht. Das gelbschwarze Muster ist eine Warnfärbung (Giftigkeit!). Die Raupen leben von Juli bis Mitte September an Jakobs-Kreuzkraut *(Senecio jacobaea);* auch an Huflattich.

Streckfuß, Rotschwanz (S. 147)

Das auffällige, weit abstehende rote Büschel aus langen Borsten vor dem Körperende der Raupe hat dem Streckfuß den anderen, häufig gebrauchten Namen eingetragen. 4 weitere, gelbe und glatt abgeschnittene Borstenbüschel kennzeichnen die gelb-schwarze, bis über 3 cm lange Raupe. Juli bis Oktober an Buchen, Birken, Eichen.

Schlehenspinner (S. 146)

Die kurzen gelben und längeren blauvioletten »Bürsten« der Raupen haben der Art auch den Zweitnamen »Bürstenbinder« eingetragen. Die Raupen werden gut 4 cm lang und leben im Mai sowie im August an Schlehenbüschen, jungen Buchen, Ebereschen und Weiden, selten auch an Eichen und Fichten.

Schwammspinner (S. 148)

Bis über 5 cm Länge erreichen die stark behaarten, bunten Raupen, deren Vorderkörper von blauen Punkten bedeckt ist, während mehr als die Hälfte des hinteren Körpers rote Punkte trägt. Von Mai bis Anfang Juli auf Eichen, Pappeln, Weiden, Birken oder Obstbäumen.

Kiefernspinner (S. 153)

Sehr große, »haarige« Raupe mit brauner Tönung, weißen Streifen und Feldern; bis über 7 cm Länge erreichend. Hinter dem Kopfteil 2 breite schwarze Bänder mit langen Borsten. Von August bis Juni (mit Überwinterung) an Kiefernnadeln; selten an Fichten und Tannen.

Schwan (S. 150)

Gut 3 cm lange, schlanke, im Grundton rote Raupe mit seitlichen Bändern aus weißen und schwarzen Flecken und vor allem an Kopf und Hinterende langen, kräftigen Borstenhaaren. Von September bis Mai (mit Überwinterung) an Linden, Pappeln, Eichen und verschiedenen Obstbäumen.

Kiefern-Prozessionsspinner (S. 151)

Düster graue bis graublaue, von Längsstreifen durchzogene und kräftig behaarte Raupe mit bis über 3 cm Länge, die beim Herumkriechen Kontakt mit anderen Raupen der Art in mehr oder weniger langen Reihen hält (»Prozessionen«). Von Ende April bis Juli in Kiefernwäldern.

Wollafter (S. 152)

Rot-blauschwarz bunte, behaarte und über 4 cm lange Raupen, die tagsüber in beutelartigen (hell)braunen Säcken an Enden der Zweige bleiben. Der Behang mit Raupensäcken fällt bereits vor massiven Fraßschäden durch die Raupen selbst an Linden, Birken, Schlehen und Weißdorn auf, wo die Raupen von Mai bis Juli leben.

Ringelspinner (S. 157)

Bunt längsgestreifte, bis über 4 cm lange und recht schlanke Raupe mit kräftiger, aber nicht sehr langer Behaarung, die vor allem um den Kopf ausgeprägt ist. Markant ist der blaue Seitenstreifen. Im Mai und Juni an Obstbäumen, Eichen und anderen Laubbäumen; mitunter in größerer Anzahl am Blattwerk.

Eichenspinner (S. 155)

Sehr große, bis etwa 8 cm lange, dicht behaarte und in der Grundfärbung gelbbraune Raupe mit schwarzblauer Querbänderung und glänzenden weißen Punkten darauf, die an der schwarzen Seitenlinie recht deutlich werden. Von Ende August, mit Überwinterung, bis Mai häufig an Weiden, Heidekraut, Ginster und anderen Sträuchern.

Brombeerspinner (S. 154)

Sehr große, bis über 7 cm lange und fast einheitlich (rot)braune Raupe mit dichter Behaarung und kräftigen schwarzen Ringelbändern, die oft auf Wegen und an Straßenrändern im Herbst läuft. Überwinterung und Vollendung der Entwicklung im April an Brombeeren, Himbeeren und anderen Sträuchern. Foto: Abwehrstellung.

Grasglucke (S. 156)

Bis über 8 cm lange, sehr kräftige, oberseits bräunliche und stark behaarte Raupe mit kennzeichnenden weißen Seitenflecken. Von September, mit Überwinterung, bis Anfang Juni an Gräsern, Schilf und Seggen an feuchten Stellen von Auwäldern und Flussniederungen.

Kupferglucke (S. 158)

Außerordentlich große, bis 10 cm lange und mäßig behaarte Raupe mit roten Doppelflecken auf jedem Segment und zwei blauen Bogenbändern hinter dem Kopf. Das Foto zeigt eine Jungraupe. Von September, mit Überwinterung, bis Mitte Juni an Weiden, Schlehen, Ebereschen, Haseln und verschiedenen Obstbaumarten.

Nonne (S. 149)

Haarige, braun- und weißfleckig gezeichnete Raupe mit wirrem Rückenmuster und wechselnder Farbintensität. Bis knapp 4 cm lang. An Fichten, Lärchen, Kiefern, aber auch an Laubbäumen wie Eichen und Linden. Bei Massenvermehrungen Kahlfraß verursachend; dann auch an niederen Sträuchern (Heidelbeere); Ende April bis Juni.

Scheckflügel (S. 159)

Bis über 5 cm lange, kräftige, an Schwärmerraupen erinnernde Raupe mit weißen Schrägstrichen an den Seiten auf grüner Grundfarbe und einer stumpfen »Spitze« am Körperende. Von Mai bis Juli an Birken, Erlen, Ulmen, Hainbuchen, Linden und Haseln im Blattwerk.

Kleines Nachtpfauenauge (S. 160)

Große, bis 6 cm lange, satt grüne Raupe mit schwarzen Ringbändern, auf denen scharf abgesetzt gelbe Flecken aufgereiht sind, von denen besonders zum Rücken starke Haarbüschel hochstehen. Mitte Mai bis Juli an Heidekraut, Heidelbeeren, Schlehen, Weiden (niedrige Büsche), Brombeeren und Birken.

Nagelfleck (S. 162)

Kleine Raupen grün und am Vorderkörper wie mit gefiederten Pfeilen gespickt sowie langer Schwanzquaste. Die bis 4,5 cm langen ausgewachsenen Raupen höckrig mit Seitenstreifen, grün und im Vorderteil »buckelig« aufgewölbt. Von Mai bis Anfang August an Buchen, Eichen, Birken und anderen Laubbäumen.

Totenkopfschwärmer (S. 110)

Gewaltige, bis zu 10 cm lange, sehr massige Raupe mit gelbgrüner Grundfärbung, blauer Streifung und feinen schwarzen Punkten oder auch bräunlichfleckig gefärbt. Stumpfes, geschwungenes Horn am Ende. Juli bis September an Kartoffelkraut, Tollkirschen oder Bocksdorn. Sehr große, glänzend braune Puppen in Erdhöhle.

Windenschwärmer (S. 112)

Bis über 10 cm lange (!), sehr kräftige und Wege rasch überquerende Raupen, die in zwei Farbformen vorkommen: bräunlich mit undeutlicher Zeichnung oder grün mit schwarzgelben Schrägstreifen an den Seiten. Starkes, gebogenes Horn am Körperende. Von Juli bis September an Ackerwinden.

Ligusterschwärmer (S. 113)

Sehr große, bis 9 cm lange, nackte Raupe mit grüner Grundfärbung und violettweißen Schrägstreifen an den Körperseiten sowie roten Punkten mit gelbem Hof darunter. Horn am Körperende groß, gebogen und spitz; rötlichgelb. Von Juli bis September an Liguster, Flieder, Schneeball, Eschen und anderen Bäumen.

Kiefernschwärmer (s. 116)

7 – 8 cm lange, kräftige, auf grünem Grund rötlich und weiß längsgestreifte Raupe mit langem, schwarzrötlichem und sichelförmig gebogenem Horn am Ende sowie roten Atemöffnungen an den Seiten. Juli bis September, vornehmlich an Kiefern; auch an Fichten und selten an Lärchen.

Lindenschwärmer (S. 117)

Bis über 6 cm lange, schlanke Schwärmerraupe ohne Behaarung und mit kräftigem, gebogenem Horn am Ende. Rötliche und gelblichweiße Schrägstreifen an den Körperseiten. Kopf klein und grün. Juni bis August an Linden, Ulmen, Birken und Erlen, selten auch an Kirschen und Eichen.

Abendpfauenauge (S. 114)

Bis knapp 8 cm lange, bläulichgrüne Raupe mit hochragendem, sichelförmigem Horn am Ende und langgezogenen, schmalen hellen Schrägstreifen an den Seiten über rötlichgelben Atemöffnungen. Juli bis September an Weiden, Pappeln, Obstbäumen, Schlehen und Vogelkirschen.

Oleanderschwärmer (S. 111)

Riesige, bis über 10 cm lange und sehr prall-dicke, grünliche Raupe mit stumpfem, gedrehtem Horn am Ende und 2 auffälligen, innen blauen, außen schwarz und gelb gerandeten Augenflecken hinter dem Kopf. Im Hochsommer an Oleander und Immergrün.

Taubenschwänzchen (S. 121)

Bis über 5 cm lange, güne, weiß getupfte Raupe mit durchgehendem weißem Längsband an den Seiten, kleinen dunklen Atemöffnungen und einem kurzen, spitz aufragendem Horn am Körperende. Auch in brauner Form vorkommend. August bis Oktober an Labkraut *(Galium mollugo* und *G. verum).*

Wolfsmilchschwärmer (S. 122)

Bis knapp 8 cm lang, schlank und sehr bunt mit rotem Rückenstreif, rotem Horn mit schwarzer Spitze und knallig gelben oder weißen Rundflecken an den Seiten auf grünschwarzem Grund. Warnfarbe (giftig!). Juli bis September an warmen Plätzen an Zypressen-Wolfsmilch *(Euphorbia cyparissias).*

Mittlerer Weinschwärmer (S. 118)

Große, bis über 8 cm lange Schwärmerraupe mit kräftigem, spitzem Horn am Körperende und brauner Grundfärbung. Seitlich am Vorderbereich je 2–3 große, schwarz gekernte weiße Augen, die durch Zurückziehen des Kopfes »gezeigt« werden. Im Hochsommer an Weidenröschen, Fuchsien, Labkraut und Springkraut.

Kleiner Gabelschwanz (S. 164)

Gut 3 cm lange, grüngelbe Raupe mit dunklem Kopf- und Rückensattel sowie langgezogener Schwanzgabel, die aufgerichtet werden kann. Im Hochsommer an Espen, anderen Pappeln und Weiden. Die Hörner täuschen falsches Ende vor und die Zeichnung löst die Körperform der Raupe auf.

Großer Gabelschwanz (S. 165)

Dicke, bis über 5 cm lange, grüne Raupe mit bräunlichem, in Körpermitte bis zum Bauch reichenden, weiß gesäumten Rückensattel und aufrichtbarer Schwanzgabel. Der zurückgezogene Kopf erzeugt den Eindruck eines großen Auges! Juni bis September am Laub von Weiden und (Zitter-)Pappeln.

Dromedarspinner (S. 167)

Auffällige Rückenhöcker, die in gekrümmter Haltung besonders zur Wirkung kommen, kennzeichnen diese bis 3,5 cm langen, gelbgrünen oder braunen Raupen, die von Juni bis September (2 Generationen) an den Blättern von Birken, Erlen, Pappeln, Weiden und Haseln leben und bizarre Haltungen bei Störung annehmen.

Zickzackspinner (S. 163)

Die bis 4 cm lange, bräunliche bis rötliche Raupe nimmt häufig eine durch die beiden Rückenhöcker bekräftigte flach Z-förmige (»Zickzack«-)Haltung ein und verbirgt auf diese Weise ihre eigentliche Körperform. Sie lebt von Juni bis September an Weiden, Espen und anderen Pappeln.

Mondvogel (S. 170)

Bis über 6 cm lange, kräftige und deutlich behaarte Raupen von gelber Grundfärbung, über die sich, von den Segmenten unterteilt, schmälere und breitere schwarze Längsstreifen erstrecken. Kopf schwarz. Im Hochsommer an Weiden, Pappeln, Birken Linden und Erlen.

Weidenbohrer (S. 173)

Sehr große, bis über 9 cm lange, rötliche bis bräunliche und ziemlich dickleibige Raupe mit spärlicher Beborstung, die 2–4-mal überwintert und unter der Rinde bohrend in Weiden, Pappeln und anderen Laubbäumen lebt. Mitunter verursacht sie in Obstkulturen Schäden.

Schattenmönch (S. 124)

Gut 4 cm lange, dunkle Raupe mit bräunlicher, gelber und schwarzer Zeichnung in Längsrichtung oder erdbodenartig graubraun mit dunkleren Punkten und weißen Bauchfüßen. Frisst nachts an verschiedenen Korbblütlern wie Habichtskräutern, Löwenzahn, Gänsedisteln und Wegwarten von Ende Juni bis September.

Hausmutter (S. 136)

Bis 4,5 cm lange, gestreckte, unbehaare Eulenraupe mit grauer Längsstreifung und hellerer Bauchseite, die von August bis Mai, mit Überwinterung im Boden, an zahlreichen krautigen Pflanzen sowie an Kohlund anderen Gemüsearten lebt. Es überwintern kleine wie fast erwachsene Raupen.

Pfeileule (S. 134)

Bunte und borstige, bis knapp 4 cm lange Raupe mit auffälligem schwarzem Rückenhöcker und einem kleineren vor dem Körperende, sowie schwarzgelb-orangefarbener Körperseitenzeichnung. Von Juli bis Anfang Oktober an Weiden, Pappeln, Pflaumen und anderen Weichhölzern. Puppe überwintert.

Klosterfrau, Mönch (S. 135)

Haarige, bunte, bis über 4 cm lange Raupe mit auffällig weißem Borstenbüschel am Vorder- und einer weißen Borstenquaste am Hinterende. Weiß-schwarze Fleckung und rote Seitenstreifen machen die Raupe an den Fichtennadeln recht auffällig. Von August bis Oktober an Fichten, Tannen, Kiefern und Lärchen. Meist selten.

Haseleule (S. 143)

Mit 4 rotbraunen Borstenschöpfen an den Kopfseiten und auf dem Rücken sowie einem dunklen vor dem Hinterende auf gestreift-hellem Grund eine bizarre, borstige, gut 3,5 cm lange Raupe, die an Schlehenspinner (S. 218/4) erinnert. Sie lebt von Juli bis Anfang Oktober an Haseln, Erlen und anderen Laubbäumen.

Rotes Ordensband (S. 138)

Langgestreckte, braune Raupe mit bis über 7 cm Länge, leicht höckrigem Rücken und undeutlicher Längsstreifung, die fast verschwinden kann. Im Mai und Juni an Blättern und dünnen Zweigen von Weiden und Pappeln, wo die Raupen an den Ästchen selbst wie Hölzchen wirken.

Brauner Mönch (S. 125)

Bis knapp 5 cm lange, rundliche und auffällig gelb-schwarz gezeichnete Raupe mit hell bläulichgrauer Grundfärbung und wenigen kurzen Borsten. Lebt von Mitte Mai bis Mitte Juli an Königskerzen, hauptsächlich an der Kleinen Königskerze *(Verbascum thapus)* an den wolligen Blättern.

Sphinxeule (S. 133)

Langgestreckte grüne, bis 4,5 cm lange Raupe mit rotgelbem Doppelstreifen entlang der Körperseiten und weißen Streifen über den Rücken. Bei Störung aufwärts gekrümmte Haltung (s. Foto). Von Mai bis Juni an Linden, Eichen, Buchen, Weiden, Pappeln sowie verschiedenen Obstbäumen.

Grünes Blatt (S. 180)

Bis etwas über 4 cm lange, kräftige bräunliche Raupe mit kleinen roten Höckern am Rücken und am Körperende sowie gelblichgrünen Seitenstreifen. Sieht wie Blütenkränzchen aus! Von August bis Anfang Juni (mit Überwinterung) an Birken, Erlen, Haseln, Linden, Buchen und Salweiden.

Stachelbeerspanner (S. 184)

Schlanke, auffällig gezeichnete und bis über 3 cm lange Raupe mit schwarzem Kopf und schwarzer Fleckung auf dem Rücken, schwarzen Punktereihen an den gelben Körperseiten und bläulichgrauer Grundfärbung. Von August bis Juni (mit Überwinterung) an Sträuchern, meist Stachelbeer-, Johannisbeer- und Schlehenbüschen.

Schneespanner (S. 189)

Düstere, bis zu 5 cm lange, schlanke Raupe, die mit dicken gelblichen oder dunklen, an den Spitzen schwarzen Stacheln besetzt ist. Sie lebt von April bis Juni an den austreibenden Blättern von Laubhölzern, insbesondere an Eichen, Hainbuchen, Pappeln und Weiden sowie an Schlehenbüschen.

Birkenspanner (S. 190)

Sehr lange, bis über 6 cm erreichende, ästchenartig geformte und gefärbte Raupe mit dunkler und weißer Längszeichnung. Kann in Ruhehaltung Ästchen perfekt imitieren. Von Juli bis Oktober an zahlreichen Laubhölzern, insbesondere an Weiden und Birken.

Kiefernspanner (S. 188)

Nadelgrüne, schmal längsgestreifte und bis über 3 cm lange Raupe, die zwischen den Kiefernnadeln wegen eben dieser Färbung und Zeichnung kaum auffällt. Von Juli bis Oktober an Wald-Kiefern; selten an Fichten, Tannen und Wacholder.

Großer Frostspanner (S. 192)

Gut 3 cm lange, bräunliche und recht schlanke Raupe ohne die mittleren Bauchfüße (typisch für Spannerraupen) und mit längsgerichteter, Körper auflösender Zeichnung. Von Mitte Mai bis Anfang Juli, vorzugsweise an jungen Trieben von Laubhölzern und Obstbäumen; auch an Heidelbeersträuchern.

Traubenkirschen-Gespinstmotte (S. 200)

Fleckig gelblichgrüne Raupen, die stets in Gespinsten nestartig beisammen und ausschließlich an Traubenkirschen *(Prunus padus)* leben. Jungraupen ab April; Kahlfraß mit eingesponnenen Bäumen Ende Mai. Raupenmassen verpuppen sich gemeinsam an Stämmen in dichten Gespinsten.

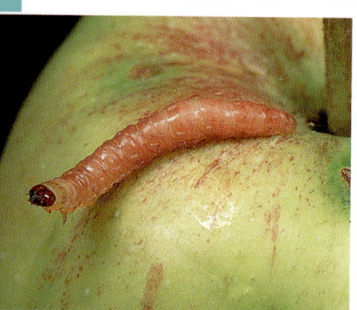

Apfelwickler (S. 202)

Gelblichweiße bis rötliche, stark gekörnte Raupen, die im Kernhaus und Fruchtfleisch von Äpfeln die bekannten Fraßgänge anlegen und ihre Exkremente hinterlassen (»Würmer« im Apfel). Von Juni bis Oktober, nicht nur in Äpfeln, sondern auch in Birnen, Quitten, Pfirsichen und sogar Esskastanien.

Seerosenzünsler (S. 197)

Dicke, samtig-weißliche Raupe bis knapp 2 cm Länge in doppelseitigem Köcher aus Blattstücken von Schwimmendem Laichkraut, Seekanne oder kleinen Seerosen. Die kleinen (jungen) Raupen sind in kleineren, wassergefüllten Köchern und sie überwintern in Pflanzenstängeln unter Wasser.

Brennnesselzünsler (S. 195)

Gelbliche bis grünliche, wenige Borsten tragende Raupe, die zwischen Brennnesselblättern oder eingerollten Blättern von Minzen, Ziest sowie Stachel- und Johannisbeeren von Ende Juli bis September lebt und die Ränder befrisst oder Löcher in die Blattoberfläche nagt. Gut 2 cm lang.

Literatur

CARTER, D.J. & HARGREAVES B. (1987): Raupen und Schmetterlinge Europas und ihre Futterpflanzen. Verlag Paul Parey, Hamburg. 292 Seiten.

EBERT, G. (Herausgeber): Die Schmetterlinge Baden-Württembergs. Mehrbändiges Werk seit 1991 (Band I). Ulmer Verlag, Stuttgart.

KALTENBACH, T. & KÜPPERS, P.V. (1987): Kleinschmetterlinge beobachten, bestimmen. Neumann-Neudamm Verlag, Melsungen. 287 Seiten.

SAUER, F. (1982): Raupe und Schmetterling, nach Farbfotos erkannt. Fauna-Verlag, Karlsfeld. 184 Seiten.

SBORDONI, V. & FORESTIERO, S. (1985): Weltenzyklopädie der Schmetterlinge. Südwest Verlag, München. 312 Seiten.

TOLMAN, T. & LEWINGTON, R. (1997): Die Tagfalter Europas und Nordwestafrikas. Kosmos, Stuttgart. 319 Seiten.

WEIDEMANN, H.J. (1995): Tagfalter beobachten, bestimmen. Naturbuch Verlag, Augsburg. 659 Seiten.

Schmetterlingsforschung

Informationen zu Schmetterlingsforschern und -forschungen vermitteln die zoologischen Museen in

Berlin (Museum für Naturkunde der Humboldt-Universität),

Bonn (Zoologisches Forschungsinstitut und Museum Alexander Koenig),

Frankfurt (Senckenberg-Museum),

Karlsruhe (Zoologische Landessammlungen Baden-Württemberg),

München (Zoologische Staatssammlung),

Wien (Naturhistorisches Museum),

Innsbruck (Zoologisches Institut),

Basel (Naturhistorisches Museum)

sowie zahlreiche weitere zoologische Sammlungen und Institute an den Universitäten und die Landesämter für Umweltschutz beziehungsweise die Naturschutzbehörden.

Deutsche und wissenschaftliche Schmetterlingsnamen

Bildnachweis

Angermayer: 118/1

Bellmann: 47/1, 57/1, 62/1, 76/1, 80/1, 101/1, 101/2, 101/3, 169/2, 170/1, 172/2, 175/2, 182/2, 184/2, 191/1, 193/2, 205/2, 212/1, 219/1, 223/2, 224/3, 230/1

Eisenreich: 8, 18, 41/2, 42/1, 53/1, 59/3, 80/2, 93/1, 93/2, 112/2, 113/1, 113/2, 113/3, 118/3, 122/3, 154/2, 160/1, 162/3, 203/2, 208/2, 208/4, 210/1, 220/2, 221/4, 222/4, 223/1, 224/1, 224/4

Hecker: 35/1, 107/2, 179/1, 226/1

Hinz: 10, 30/3, 32/1, 35/2, 33/1, 33/2, 40/1, 41/1, 48/1, 51/2, 51/3, 52/2, 52/3, 55/3, 60/1, 65/3, 72/1, 77/2, 77/3, 78/3, 83/3, 86/1, 87/1, 95/2, 107/3, 116/2, 121/1, 140/2, 147/3, 163/1, 180/2, 185/1, 195/1, 220/1, 221/1, 221/3

Marktanner: 28, 30/1, 30/2, 31/1, 31/2, 32/2, 32/3, 34/2, 36/1, 36/3, 38/1, 38/3, 40/3, 43/3, 45/1, 45/3, 46/1, 46/2, 46/3, 47/2, 47/3, 48/3, 50/1, 52/1, 54/3, 55/2, 56/1, 56/2, 56/3, 57/2, 58/2, 58/3, 61/1, 61/2, 61/3, 68/3, 69/1, 69/2, 70/1, 72/3, 73/1, 75/1, 79/2, 79/3, 81/2, 81/3, 84/3, 85/3, 88/1, 90/1, 94/3, 95/3, 96/2, 97/1, 97/3, 99/1, 100/2, 100/3, 102/1, 102/2, 103/3, 104/1, 105/1, 106/1, 107/1, 112/1, 112/3, 116/1, 119/1, 121/2, 123/1, 124/2, 126/1, 128/3, 129/1, 129/3, 133/1, 133/2, 134/3, 136/3, 139/2, 140/1, 141/1, 142/1, 143/2, 143/3, 149/1, 155/2, 157/1, 158/1, 159/3, 160/2, 168/2, 171/1, 174/2, 174/3, 176/1, 177/1, 182/1, 184/1, 185/2, 188/1, 188/2, 189/1, 190/1, 190/2, 191/3, 193/1, 196/1, 197/1, 201/1, 203/3, 212/4, 213/1, 213/4, 214/1, 217/3, 218/1, 220/3, 220/4, 222/1, 225/4, 227/1, 228/4, 229/2

Pfletschinger/Angermayer: 41/3, 55/1, 70/3, 82/3, 114/3, 121/3, 139/3, 145/1, 147/2, 148/2, 150/2, 156/1, 165/2, 169/3, 178/2, 209/2, 213/2, 214/3, 215/2, 230/4

Pforr: 4, 6, 39/2, 49/3, 57/3, 63/2, 66/1, 66/3, 78/2, 83/2, 84/1, 85/1, 85/2, 91/2, 91/3, 92/2, 99/2, 100/1, 104/3, 105/2, 105/3, 106/2, 108/1, 114/1, 117/1, 119/2, 120/1, 123/2, 124/3, 125/1, 125/3, 133/3, 135/1, 136/2, 138/2, 141/3, 142/2, 142/3, 146/1, 146/2, 147/1, 148/1, 148/3, 150/1, 152/2, 153/1, 153/2, 155/3, 157/2, 160/3, 162/2, 165/3, 166/2, 171/2, 173/1, 173/2, 178/3, 180/1, 183/1, 183/2, 186/3, 187/2, 194/1, 195/2, 197/2, 199/2, 200/1, 202/1, 204/1, 204/2, 209/3, 212/2, 212/3, 214/2, 217/2, 219/2, 219/4, 224/2, 226/2, 226/4, 227/4, 228/3, 230/2

Ruckstuhl: 2/3, 58/1, 60/3, 62/2, 63/1, 67/2, 68/1, 71/1, 71/2, 71/3, 74/1, 81/1, 96/1, 110/1, 115/1, 139/1, 151/1, 168/1, 174/1, 186/1, 198/1, 207/1, 209/4, 210/3, 210/4, 211/1, 211/2

Sauer/Hecker: 13, 14, 36/2, 37/2, 38/2, 43/1, 44/3, 49/2, 63/3, 70/2, 72/2, 86/3, 89/2, 90/3, 92/3, 97/2, 103/2, 109/2, 110/2, 123/3, 125/2, 126/2, 126/3, 127/2, 128/2, 131/1, 131/2, 132/2, 134/2, 135/2, 135/3, 137/2, 144/1, 149/2, 152/1, 152/3, 157/3, 163/3, 164/1, 177/2, 181/2, 185/3, 189/2, 189/3, 192/1, 192/2, 192/3, 194/2, 200/2, 201/2, 205/1, 207/2, 211/4, 216/1, 216/2, 217/1, 217/4, 221/2, 225/1, 226/3, 227/3, 228/1, 228/2, 229/1, 229/3, 230/3

Synatzschke G.: 119/3

Synatzschke M.: 60/2

Wagner: 35/3, 39/1, 39/3, 45/2, 48/2, 50/2, 53/2, 59/2, 73/3, 78/1, 84/2, 86/2, 87/2, 87/3, 95/1, 96/3, 103/1, 104/2, 106/3, 108/3, 109/1, 109/3, 110/3, 114/2, 115/3, 118/2, 127/1, 134/1, 144/2, 145/2, 145/3, 156/2, 159/1, 159/2, 166/1, 166/3, 172/1, 179/2, 180/3, 186/2, 190/3, 191/2, 208/1, 218/4, 223/4, 225/2

Willner: 7, 11, 34/1, 34/3, 37/1, 37/3, 40/2 50/3, 51/1, 54/1, 59/1, 62/3, 64/1, 64/2, 65/2, 73/2, 75/3, 76/3, 77/1, 79/1, 80/3, 83/1, 88/2, 88/3, 89/1, 89/3, 92/1, 93/3, 94/1, 98/2, 98/3, 111/1, 111/2, 117/2, 117/3, 120/3, 122/1, 124/1, 128/1, 130/1, 130/2, 136/1, 137/1, 137/3, 141/2, 144/3, 146/3, 149/3, 151/2,

Die Deutsche Bibliothek –
CIP-Einheitsaufnahme

Ein Titeldatensatz für diese
Publikation ist bei Der Deutschen Bibliothek erhältlich

BLV
Verlagsgesellschaft mbH
München Wien Zürich
80797 München

© 2001 BLV Verlagsgesellschaft
mbH, München

Umschlaggestaltung:
Studio Schübel, München

Umschlagfotos:
Marktanner (C-Falter, großes Foto);
Hinz (2 x kleines Foto)

Layoutkonzept Innenteil:
Parzhuber + Partner, München

Lektorat: Dr. Friedrich Kögel
Herstellung: Hermann Maxant

Layout: Anton Walter,
Gundelfingen
DTP: DTP-Design Walter,
Gundelfingen

Reproduktionen:
Repro Ludwig, Zell a. See
Druck: Appl, Wemding
Bindung: Ludwig Auer,
Donauwörth

Gedruckt auf chlorfrei
gebleichtem Papier

Printed in Germany ·
ISBN 3-405-16129-0

Entdecken,
beobachten, bestimmen

BLV Naturführer
Wolfgang Dierl
Insekten
Libellen, Käfer, Schmetterlinge, Heuschrecken, Wanzen, Hummeln, Fliegen und andere: Merkmale, Vorkommen, Nahrung, Entwicklung, Lebensweise.

Veronika Straaß
**Natur erleben
das ganze Jahr**
Das Erlebnisbuch für die ganze Familie: die Natur im Jahreslauf bewusst wahrnehmen und aktiv entdecken. Mit Beobachtungstipps, Anleitungen zum Spielen und Experimentieren, Rezepten usw.

BLV Naturführer
Hans Horn / Friedrich Kögel
Käfer
Goldlaufkäfer und Siebenpunkt, Moschusbock und Maikäfer: häufige und auffällige Arten im Porträt; für Käfer-Einsteiger: wichtige Familien, Merkmale, Biologie.

Bestimmen auf einen Blick
Michael Lohmann
**Käfer, Libellen und
andere Insekten**
Häufige, auffällige und leicht zu beobachtende Insekten (ohne Schmetterlinge): rund 200 Arten in Bild und Text; mit Faltplan: alle Arten auf einen Blick.
